Buchbeschreibung:

Frau Berger bereist die Welt und findet sich dabei immer in besonderen Situationen und mit interessanten Persönlichkeiten wieder. Auf liebenswürdige und humorvolle Weise beschreibt sie die Plaudereien, die Erlebnisse und das Geheimnisvolle der Länder.

Mit diesem Buch liegt der erste Band der Frau Berger Reihe vor.

Über die Autorin:

Heike Marie (54) entdeckt das Schreiben erst spät für sich. Bezeichnet sich selbst als Rechtschreibschlampe und freut sich immer mehr über jedes richtig geschriebene Wort. Als Sie 50 wurde, bekam sie pünktlich zum Geburtstag eine Diagnose, welche einen längeren Heilungsverlauf nach sich zog. In dieser Zeit ließ Sie ihr Umfeld an dem Prozess teilhaben, in dem Sie Tag für Tag über Befinden und Befindlichkeiten berichtete. Das Schreiben empfand sie als Tagesaufgabe, welche ihr in der Zeit der Gesundung Struktur gab. Und aus der Struktur ergab sich der Wunsch, weiter zu schreiben, die Dinge und vor allem das Leben um sie herum festzuhalten. Heike Marie lebt und arbeitet nördlich von Berlin.

Frau Berger reist

Von Heike Marie Berger

1. Auflage, 2020
© 2020 Heike Marie Berger
Bibliografische Information der Deutschen Nationalbibliothek: Die Deutsche Nationalbibliothek verzeich-
net diese Publikation in der Deutschen Nationalbiblio-
grafie; detaillierte bibliografische Daten sind im Internet über dnb.dnb.de abrufbar.

Herstellung und Verlag: BoD - Books on Demand
ISBN: 9783752647259
Umschlaggestaltung: Detlev Scheerbarth

Rhodos

Reisen mit dem Zug ist immer spannend. Leute können beobachtet werden und ich kann mich über viele Dinge freuen.

Früh wurde ich wach und in Potsdam schien die Sonne. Freude darüber, dass die nicht mit mir in die Sonne-Reisenden auch wieder schönes Wetter haben.

Wobei ich mich auch gefreut hätte, den hierbleibenden einen dicken Daumen zu zeigen. Aber so bin ich nicht.

Also eine Reise in die Sonne, meine Reise in die Sonne, unsere Reise in die Sonne.

Statt Fahrrad fahren auf dem Elbe-Radweg, das war der ursprüngliche Plan. Mit dem Rad von Dresden nach Prag. In meine liebste Lieblingsstadt. Mein Ruhepol, mein Wohlfühlort, mein Happyplace. Es wird bequemer. Rhodos wartet auf uns. Abflug in Hannover.

Dorthin kommen wir mit dem IC 2432. Der Zug fährt bis Norddeich-Mole. Der Zug ist ein besserer, viel besserer Regionalexpress, mit Steckdosen, bequemen Sitzen und Gepäckfächern für unser Gepäck. Witzigerweise sind die Plätze im Untergeschoss, dem Geschoss, wo man auf Höhe der Bahnsteigkante sitzt, reserviert. Ich empfinde ja das Obergeschoss viel komfortabler, und vor allem, es läuft keiner auf dem Kopf rum.

Also mit dem Zug nach Hannover. Was macht der erfahrene Reisende, die erfahrene Reisende? Eindecken mit Marschverpflegung. Wir waren beim Bäcker, beim Obst-Dealer und in einer weiteren Bäckerei. Potsdam Hauptbahnhof hat kulinarisch viel zu bieten. Ja, klar wir hätten auch Stullen machen können, aber ehrlich Urlaub ist doch auch "Auswärtsessen".

Sitzend im Zug, oben wie ihr vermutet, fällt uns die alte Zugfahrerregel ein. Die Wegzehrung muss vor der ersten Station aufgegessen sein. Wir haben die Sachen vom Bäcker geschafft.

Stopp in Brandenburg. In der Stadt Brandenburg, im Land Brandenburg. Der Herr auf dem Nachbarplatz telefoniert, erklärt dem Menschen am anderen Ende der Leitung, dass er eine rote Jacke anhat und einen Rollkoffer dabei hat (wäre sonst gar nicht aufgefallen, hätte er es nicht so laut gesagt) und dass er in Magdeburg am hinteren Ausgang ankommt. Ob er ein Date hat? Vielleicht hätte ich ihm sagen sollen, dass er dann besser den Ring abnimmt. Aber die Erfahrung muss jeder selber machen. Wenn es denn nicht klappt am Hinterausgang in Magdeburg. Inzwischen ist er ausgestiegen. Wir werden es nie erfahren, war es ein Date, war es eine geschäftliche Verabredung?

Weiter vorn sitzt eine Gruppe Studenten und ein Baby. Sie reden englisch und das Baby babyanisch. Ach, ist niedlich anzuhören. Deutsch sprechen sie auch. Gut, dann verstehe ich etwas und kann zuhören. Wir haben etwas über Hausentkernung und Bauschutt gelernt. Es ist nämlich so, wenn der Bauschutt sortiert ist, dann kann man die Kabel verkaufen und die Entsorgung wird preiswerter. Guter Tipp, für die Zukunft. Durch dieses Gespräch waren wir in unsrer Unterhaltung zur Mülltrennung gekommen und ich habe die Mülltrennungstipps von Lieblings-Alba-Berlin-Spieler Niels reflektiert, Joghurtbecher nicht stapeln und den Deckel extra legen. Wozu fremde Unterhaltungen so gut sind.

Inzwischen ist das Obst aufgegessen und ich habe Kaffeeflecken auf der weißen Hose. Dabei wollte ich die noch ein paar Tage anziehen. Da wirst du alt wie ne Kuh und kleckerst immer noch im Nu. Der Kaffee ist alle und ich sitze allein auf der Bank.

Das Baby scheint zu schlafen. Sonne scheint in Helmstedt auch. Landschaft ist grün mit roten und blauen Sprenkeln. Mohn und Kornblumen, fehlt nur noch etwas Kamille und wir können den Sommer im Vorbeifahren sehen. Die Studenten reden weiter englisch. Ich verstehe es nicht. Halt, ein paar reden deutsch. Aber es ist durcheinander. Es strengt mich an. Das Baby wohl auch. Ich setze mal die Brille ab und mach die Augen zu. Mist, das Nackenkissen vergessen. Diesmal kaufe ich keins. Das wäre dann Nummer sechs. Ich sollte in der Zukunft immer ein Nackenkissen in die Tasche stecken. Wer weiß, wozu das gut ist.
Inzwischen haben wir das Baby kennengelernt. Linus, er ist aus Zucker. Babys sind immer aus Zucker.

Wir stehen, natürlich nicht wir, sondern der Zug, in Königslutter. Die Zugbegleiterin fragte: "In welchem Nest stehen wir hier?" Und ich hab das gehört. In welchem Nest. Königslutter ist nun bestimmt beleidigt. Richtig, wegen einer Weichenstörung stehen wir in Königslutter. Die Zugbegleiterin hat ihre Glaskugel vergessen, sagt sie. Also weiß sie nicht, kann es nicht wissen, wann es weiter geht.

Oh, Trillerpfeifenton. Es geht weiter, alles gut, wir werden den Flieger schaffen!

Ach Linus-Zucker hat zwei Zähnchen unten und hat Segelöhrchen. Bis jetzt hat noch keiner die Fahrkarten kontrolliert. Vielleicht ist ja die Zange kaputt. Ich hab eine Idee, wer aushelfen könnte. Die Studenten fahren nach Emden. Zugfahrten machen Spaß.

Immer noch im Zug. Wir haben jetzt eine Verspätung von 18 Minuten, da sind wir ziemlich froh. Zwei Vorteile: Der erste, wir bekommen noch die S-Bahn zum Flughafen und der zweite, wir stehen nicht ewig auf dem Bahnhof rum. Also alles gut. Der Zug ist in Braunschweig voller geworden, wir teilen uns wieder einen Sitz, nein eine Bank, das ist auch schön.

Baby Linus hat neue Geräusche gelernt. "Brrrr" macht er. Auf dem Nachbarplatz (da wo vorhin der Herr mit der roten Jacke saß) sitzen jetzt zwei junge Männer. Leider unterhalten sie sich so leise, dass ich nichts verstehe. Linus macht Brrrr und Ahhh.

Anschluss vom Hauptbahnhof Hannover zum Flughafen. Die S-Bahn fährt nur alle 30 Minuten. Das lehrt uns. Meine Heimatstadt Bernau ist gar nicht so kleinstädtisch, wie wir glauben, schließlich fährt unsere S-Bahn alle 20 Minuten. Die Studenten reden wieder deutsch englisch gemischt. Wir wissen inzwischen, dass auch die Platten aus dem Haus raus müssen. Die Mutter von Linus war als Kind auch auf Rhodos. Die jungen Männer reden jetzt. Aber über Fußball. Ich kann nur Basketball und ein bisschen Handball. Die Wegzehrung der jungen Männer ist belegtes Vollkornbaguette. Riecht gut.

Mülltrennung – ihr erinnert euch an vorhin – hier im Zug ist das echt gut geregelt. Es gibt einen Müllkasten für Verpackung, einen für Papier und einen Sonstigen. Ich hab die Flaschen in Verpackung und das Einwickelpapier in Papier getan. Ich weiß da echt gut Bescheid.

Es scheint die Zeit der Klassenausflüge zu sein. Es gibt ein Gezwitscher im Zug und ab und zu hört man ein übertriebenes 'Oh mein god'. Ich glaube, es soll Gott heißen. Aber es hörte sich so an. Wahrscheinlich sitzen die Kids nicht in unserem Flieger. Sie haben nur Day-Packs (Tagesausrüstungen) mit. Als wir in die S-Bahn einstiegen, wurden wir nett von einer virtuellen Stimme begrüßt. "Die S-Bahn Hannover begrüßt Sie herzlich". Ich freue mich. Und schon ist er da der Flughafen. Flughafen Hannover, die Kids sind auch hier ausgestiegen. Nicht zum Flughafen, was ich aber nicht bedacht hatte, auch nicht wusste, der Junggeselle von Welt feiert seinen Abschied auch in der Welt. Vorzugsweise beginnt er damit am Flughafen und scheinbar besonders gern in meiner Nähe. Aber die taffe Bedienung vom Imbissstand hat den Jungs erst mal die Leviten gelesen. Ich musste schmunzeln, die Jungs nicht.

Check-in war unproblematisch. Nur ich piepte ununterbrochen bei der Kontrolle. Mädels ihr wisst warum. Er ist neu und rot. Bei meinem Begleiter musste das Handgepäck auf Sprengstoff untersucht werden. Aber er war ruhig. Es wurde auch nichts gefunden.

Vor uns in der Reihe Anni K. und Partner, das konnte ich auf ihren Flugscheinen lesen, hatten irgendwas nicht verstanden. Da wurde alles ausgepackt, alle Sachen aus dem Handgepäck. Na ja ist, glaube ich auch besser. Sie wollten nach Hurghada mit Condor. Inzwischen sollten sie fertig sein. Der Flug nach Hurghada hat Boarding.

Unser Flugzeug ist recht klein, 25 Reihen. Also man kann auch sagen. Es hat Potential. Neben mir im Wartebereich sitzt eine Familie mit kleinem Kind. Der wäre noch besser als Linus als Fahrkartenknipser geeignet gewesen. Er hat so blonde Haare. Die Eltern auch, wobei die von seinem Vater echt zu sein scheinen. Ich dachte, so blonde Deutsche gibt es gar nicht mehr.
Gleich geht es zum Boarding, wir fliegen 13:05 Uhr. Weil der Flieger so klein ist, dauert es bestimmt nicht lange. Also ich (wir) sind dann erst mal weg.

Der Flug war anstrengend, sieben Kinder hatten sich nach einander angesteckt und hielten mit ihrem Weinen das Flugzeug wach. Ich habe etwas geschlafen, danach war mein Nacken verdreht. Es fehlte das Nackenkissen. Schade um die Physio.

Unser Hotel liegt am Hang, wir sehen das Meer. Das Zimmer ist sehr stilvoll. Mir gefällt es hier im Hotel. Alles andere werden wir sehen.

Ein Versuch zu berichten, was wir und die Leute um uns rum machen. Rhodos ist schön. Das W-LAN im Hotel nicht. Das Hotel selber schon. Vier Texte sind abhandengekommen. In denen habe ich vom Flug und der Dame vor mir erzählt. Von der die das goldene Blatt liest. Und ich erfahren konnte, das Ester Ofraim, wer ist das eigentlich, mit 75 die große Liebe traf. Hoffentlich werden die beiden schön alt und bleiben gesund. Damit sie noch etwas davon, von sich, von ihrer Gemeinsamkeit haben.

Es ist vielleicht auch gut in dem Alter die große Liebe zu finden, das hält frisch und knackig.

Aber das war nicht alles aus dem Flieger. Wir flogen mit sieben Babys. Ach, das brauch ich nicht noch mal schreiben. Das wisst ihr schon.

An meinem 50. gingen wir früh zum Pool, dann zum Frühstücksbüfett, von da aus ans Meer. Zwei Lümmelliegen, eigentlich sind es Strandbetten, direkt am Ufer waren unsere. Das

Meer ist herrlich. Das Wasser ganz weich und warm. Es hüllt einen richtig ein. Die Liegen haben wir bezahlt, weil die Dame mit Hund dafür bezahlt wird, die Liegen zu bewachen und abzukassieren. Die Einnahme musste sie in ein Gerät verbuchen. Der griechische Staat möchte die 24%!!!!! Mehrwertsteuer haben. Der Fuß meines Begleiters hing in der Sonne. Nun hat er sich Sonnenbrandgegenmittel besorgt.

Nach dem Strand ging es nach Rhodos-Stadt. Die Menschen sind so freundlich und hier ist echte Weltgeschichte passiert, ein traumhafter Ort.

Abends waren wir dann wieder am Meer und haben den Tag gemütlich ausklingen lassen. Und im Hotel einen Absacker genommen. Ich hab so gern Geburtstag. 50. Geburtstage sollten so sein. Andere auch.

Abends am 16.6. sind wir Richtung Meer. Haben dort ein tolles Restaurant gefunden. Dimitris. Alte Olivenbäume kleine Tische Blick aufs Meer. Alle Gäste total entspannt. Wir auch. Wir hatten Bier und Gemüseplatte, als Nachtisch gebackenen Fetakäse und griechischen Joghurt mit Honig. Der Feta war in Filoteig mit Sesam und Honig – ein Gedicht.

Am 17.6. gab es Frühstück im Hotel. Mit anderen Gästen, es war genug für alle da. Zum Mittag hatten wir eine Speise, bei der das Gramm 2,2 Cent gekostet hat. Das machte 16 Euro für geeisten Joghurt. Er war superlecker. Aber der Preis. Der Laden, in dem der Joghurt verkauft wurde, war leer, nun wissen wir warum. Abends waren wir dann noch mal im Restaurant an Meer, das Publikum ähnlich wie am Vortag. Das Essen noch besser. Ich habe mich zum Küchendienst angemeldet. Aber sie wollten mich nicht. Die Rezepte sind topsecret.

Rhodos Altstadt, ein Traum für Architekturinteressierte. Allerdings, manche Straßenzüge sind ausgestattet wie ein türkischer Basar oder wie zwei. Hier ist alles zu bekommen, ok fast alles, von der Ledertasche, deren Design sich in den letzten zwanzig Jahren nicht geändert hat, noch immer traumhaft, bis zu dem neusten Turnschuhen, die sind bestimmt nicht echt, im Vergleich zu den Taschen, deren Preis sich verdreifacht hat. Die Beschallung ist nicht mittelalterlich, sondern laute 80 iger. Der motorisiere Verkehr scheint vorrangig mit Mopeds zu erfolgen. Die fahren, wie sie wollen. Also Augen auf im Straßenverkehr.

Oder vielleicht erzähle ich erst mal über das Hotel. Es liegt im alten Teil von Faliraki, jenseits der großen Urlauberhotels. Das Meer liegt zehn Minuten entfernt, die Bushaltestelle fünf und drei Minuten der Supermarkt unseres Vertrauens. Dort gibt es alles, was der Urlauber so für den Urlaub benötigt. Insbesondere Wasser und Sonnenbrandgegenmittel. Zurück zum Hotel, es ist weiß und ähnelt einem Laubenganghaus. Kleiner, smarter. Die Leute, die hier wohnen sind sehr unterschiedlich. Es wohnt eine Bestager-Gruppe, zwei Paare, hier. Vermutlich aus Holland. Die Frauen scheinen beste Freundinnen zu sein, sie tragen denselben Bikini. Oder aber, den Bikini gab es irgendwo im Angebot, zwei zum Preis von eins. Ein junges Paar mit Kind. Sie wirken tiefenentspannt. Ich wünschte, das Baby hätte in unserem Flieger gesessen. Dann wären die anderen auch ruhig gewesen. Einige sehr hübsche junge Frauen, die ziemlich gut Billard spielen, sagt jemand. Ich kann das ja nicht bewerten. Wie bekannt ist, kann ich nur Basketball und ein bisschen Handball. Es sind drei junge Männer angekommen. Mein Tipp: Osteuropa. Mal beobachten, ob das, was mit den Mädels wird.

Und eine Deutsche mit ihrer Mutter, die hat die Reise zum 70 geschenkt und die Zeit. Kinder, ihr wisst Bescheid. Zu guter Letzt, eine Großfamilie, die Sprache kenne ich nicht. Das sind circa zehn Personen. Jugendliche Paare, eine Dame in meinem Alter und meiner Statur. Und ein auch entspanntes Baby. Da ich die Sprache nicht verstehe, weiß ich nicht, wie die alle zueinanderstehen. Vielleicht ist es ja eine ehemalige Kinderdorf-Gruppe. Das scheint mir am realistischsten, sie wirkten alle so vertraut, als kennen sie sich schon sehr lange.

Eines Morgens am Pool, im Pool, und wieder draußen. Wir waren die Ersten. Überfiel eine Gruppe Gärtner den Bereich und brachte innerhalb von 30 Minuten alles in Ordnung. Doof nur, dass ich gerade weggedämmert war. Nun war ich wach.

Heute verstehe ich, was Freundinnen an der Insel so fasziniert. Von Anbeginn an, zu jedem Urlaub gehört eine Bootsfahrt. Unsere ging von Faliraki nach Lindos, der weißen Stadt am Meer. Plätze in der ersten Reihe. Oben an der frischen Luft. Auf dem Boot Französinnen, die nicht charmant gekleidet waren, sie waren nicht ihrem Ruf gerecht gekleidet, es fehlte jeglicher

Chic und Anmut. Ein junges englisches Paar, ein alleinreisender Herr mit Tageskühltasche. Wahrscheinlich hat er das Büfett im Hotel geplündert und viele andere, die ich nicht wahrgenommen habe, unsere Plätze waren in der ersten Reihe.

Lindos sieht schon in der Anfahrt imposant aus. Oben thront die Burg. Akropolis. Darunter schmiegt sich das Dorf an den Berg. Weiß. Der Aufstieg zur Burg war anstrengend. Ich hab geschwitzt und gepustet. Anderen ging es auch so. Nur bin ich besser gekleidet als diese, langärmlig und langbeinig mit Hut. Ich glaube, ich sehe anders aus, als alle anderen. Aber mit fünfzig ist das egal. Meine Optik könnte aus dem Film 'Tod auf dem Nil' entstammen. Oben bin ich froh, so froh, dass ich durchgehalten habe. Meine Begleitung kroch in alle Ritzen, um seine tollen Fotos zu machen, er macht wirklich tolle Fotos. Selber lies ich es ruhiger angehen und schlenderte auf und ab, schaute mir Leute an und machte Fotos. Besonderen Spaß hatte ich daran Russinnen zu beobachten. Diese erkennt man überall auf der Welt. Sie scheinen grundsätzlich einen Kurs im Posing belegt zu haben. Titel 'wie lehne ich besonders hübsch ab der Säule und welches Bein soll ich heben'. Oben auf der Burg trafen wir die Tochter mit Mutter aus dem Hotel. Die beiden sind mit dem Bus gekommen. Und waren platt vom Aufstieg. Es ist so. Die Akropolis in Lindos liegt nun mal oben auf dem Berg.

Eintritt ist schon heftig. 12 Euro. Aber es ist für einen guten Zweck. Und was ich heute gelernt habe. Die vietnamesische Sitte des Schwitztuches sollte ich besser pflegen. In Vietnam tragen alle ein kleines Tuch in der Größe eines Waschlappens mit sich, um bei unkoordiniertem Schweißfluss diesen sofort abwischen zu können. Mittags, wir sind zurück in Faliraki, sitzen wir bei Maria. Ein Restaurant am Meer. Es wird griechische Hausfrauenkost serviert. Ich hatte verschiedene Gemüse. Dann wieder an das Meer, das wunderbare Blaue, warme, schöne Meer.

Im Übrigen gibt es auch hier alleinreisende Damen zu beobachten. In der Regel sehr gepflegt, rauchend und die Essensreste mitnehmen. Ich frage mich, ob es wirklich Spaß macht, alleine zu reisen. Irgendwann probiere ich es aus. Der Tag endet. Und es geht weiter.

Anflug auf Rhodos Stadt. Mit dem roten Boot. Unser Kulturprogramm beginnt erst ab elf Uhr, also griechischen Eiskaffee ohne Zucker und Milch. Herrlich, wenn der Café-Mann zu den Kunden am Nebentisch sagt "Wenn ihr Cappuccino wollt, müsst ihr darüber gehen." Sie nahmen dann Bier.

Rhodos ist die Wiege der sozialen Welt. Besuch im Großmeister-Palast. Es gab kein Kombiticket, wie im Reiseführer beschrieben. So richtig stimmt er nicht, der Reiseführer. Dabei ist er gar nicht so alt. Gestern doppelter Eintritt, heute kein Kombiticket. Wundern. Es hängt bestimmt mit der Finanzkrise zusammen. Zurück in den Großmeister-Palast. Mit uns viele wartende Touristen. Ein Deutschsprachiger im grünen T-Shirt erzählt laut, dass er seit dem Aufstehen Hunger wie ein Schwein hat. Kann ich nicht mitreden. Ich weiß nicht, wie ein Schwein hungert. Bei dem Rundgang durch den Großmeisterpalast habe ich ihn, den Herrn im grünen T-Shirt nicht noch mal gesehen. Aber ein Foto von einem Skelett. Ich wusste gar nicht, dass das so schnell gehen kann.

Der Großmeisterpalast ist die Wiege des sozialen Denken, von den Johannitern gegründet und dann von den Maltesern übernommen, sehr imposant. Spannend ist auch, wie viele kulturinteressierte Menschen hier sind. Man betritt das Gelände, besser die Anlage über einen freien Platz, der mich im ersten Augenblick an den Hradschin in Prag erinnert hat. Der Platz in Prag, wo ich mit Freunden in der glühenden Hitze war und den Ausflug abbrechen musste. Zurück zu den Großmeistern. Es lohnt sich wirklich, dieses Gelände anzuschauen, die oberen Räume sind mit Mosaiken ausgestattet, die für Mussolini von Kos geholt wurden. Geschichte eben. Auf dem Weg dorthin, nicht nach Kos, sondern auf dem Weg zum Großmeisterpalast, trafen wir in der Ritterstraße eine deutsche Reisegruppe. Kurz zugehört. Und wir wissen, dass in der Altstadt 10.000 Menschen wohnen. Das zeigt die Ausmaße der Stadt. Ein Rundgang auf der Stadtmauer ca. 2 Meilen (ich schätze 1,8km) hat das Ganze noch mal klar gemacht. Der Abgang von der Stadtmauer führte uns in die Stadt und Niederungen des üblichen Tourismus. Das heißt mich besonders. Ein Geschäft hat es mir angetan. Ein, zwei, drei Kleider probieren. Es war nur eins und das war zu klein. Schade, aber gut für mein Konto. Fazit des heutigen Vormittags: Die Griechen haben es nicht so mit den Treppengeländern und ich bin hitzetauglich.

Und eigentlich sollte das Handy am Tag in der Tasche bleiben. Ist es aber nicht. Handysucht.

Abendstimmung, die Luft riecht nach Meer, mehr. Irgendwie genießen alle die Pause der großen Hitze. Jeder auf seine eigene Weise. 17.000 Schritte gelaufen, einen Teil davon auf der Stadtmauer von Rhodos. Nachteilig war, dass uns die Sonne so auf den Kopf brannte, dass sich die Anstrengung etwas später zeigte. Aber davon erzähle ich nicht. Auf gar keinen Fall, ich erzähle nicht, dass der Urlaub hier keinen Spaß mehr gemacht hat. Besser in dem Moment keinen Spaß mehr machte. Nein, das erzähle ich auf keinen Fall. Es soll ja das Bild einer wunderbaren Zeit bestehen bleiben. Auch in meiner eigenen Erinnerung.

Nach dem Essen in Rhodos musste ich unbedingt ein paar landestypische Dinge kaufen, die dann nicht in Vitrinen verstauben. Kräuter und Seife. Mit meinem Plastikbeutel (ich hatte tatsächlich einen Plastebeutel) ging es nach Kalithea Therme. Traumschön, edel, filmreife Kulisse. Neben uns hatten genauso viele Leute die Idee, wie es Liegen, Sitzsäcke, Daybeds, Stühle und diverse Sitzmöbel gab. Für uns gab es keinen Platz. Das in der Hitze. War nicht gut.

Wirklich nicht. Die Anlage selber hat Größe und Klasse. Vielleicht schaffen wir es morgen Abend noch mal dorthin und ins Wasser.

Abendessen bei Dimitri, der richtig Dimitra heißt. Ich passend zur Umgebung gekleidet. Blau-weiß. Mein Kleid, welches ich mir zum Geburtstag kaufte. Mit einer, man könnte glauben, es ist tatsächlich eine, griechischen Flagge als Brusttasche. An einem Nachbartisch sitzen zwei Damen, vielleicht gerade im Ruhestand. Wobei aber eine einen 22-jährigen Sohn hat. So konnten wir erfahren, dass auch der jüngste Keller 21 ist. Eine Dame ist sehr blondiert, hat aber ihre Augen als Kontrast total schwarzgemalt. Das sieht nicht so damenhaft aus. Finde ich. Wir hatten Roséwein, sehr zu empfehlen. Wasser (ohne geht gar nicht), Brot, Tsatsiki, warmen Auberginensalat, so lecker. Ich wollte wieder in die Küche. Die wollen mich hier echt nicht. Wir hatten Gyros und Krake mit Honig. I like this meal.

Der Abend hier am Meer begann mit einem tollen Licht. In meiner Sichtachse: meine Schulter, der Holzweg in hellblau, blauweiß gestreifte Sonnenschirme, Wasser und ein blauweißes Boot. Langsam wurde es dunkler. Kurzzeitig sahen wir einen schwachen

Erdbeermond. Vielleicht einen Mond von nicht so reifen Erdbeeren. Eine Katze, die bald Mama wird, hat von unserem Essen gekostet. Sie mochte es auch. Die blonde Dame chattet. Ihre Freundin lächelt und raucht. Gerade wollte ich schreiben, dass die Griechen überall Aschenbecher aufstellen, die kaum jemand nutzt. Und nun so eine rauchende Dame. Oh, die schwarze Dame hat mich geknipst und tippt weiter. Warum macht sie das. Möglicherweise, wegen des Kleides. Sicher wegen des Kleides. Die Katze holt sich am Nachbartisch Moussaka. Ein Frosch hüpft durch die Gegend. Das Leben ist schön, mein Leben ist schön, ich bin zufrieden.

Es gab den zweiten Teil meines Geburtstagsgeschenkes. Eine Inselrundfahrt im Cabrio. Das Cabrio, ein Fiat 500 ist total knuffig. Ich mag das Auto gern. Als ich mich vor zwei Jahren entschieden hatte, entscheiden musste, ein neues Auto zu kaufen, war dieses in der engeren Auswahl. Wegen des Preises musste ich davon Abstand nehmen. Heute aber war es meins. Sogar mit Fahrer. Ich war so clever, meinen Führerschein zuhause zu lassen.

Als Erstes zur Tankstelle. Wenn ich jemals

wieder denken sollte, Benzin ist teuer. Und das noch sage, erinnert mich unbedingt an Rhodos. Fast ein Euro sechzig. Es hat den Spaß nicht verdorben. Ziel war heute die Insel kennen zu lernen. Das ist uns gelungen. Vormittags waren wir im Schmetterlingstal. So etwas habe ich noch nicht erlebt. Kolonien von schmetterndem Leben dort, an einem Bachlauf mit einigen Wasserfällen. Dieser befindet sie in einem Wald aus Pinien, Amber und Platanen. Ein schönes Stück Erde, ein wunderschönes Stück. Ein Erlebnis. Ein besonderes. Wie immer gibt es Leute, die sich nicht über das freuen können, was wir erhalten. Sondern noch mehr wollen. Eine Dame musste unbedingt die Schmetterlinge flattern sehen. Warf mit einem Stein auf diese. Als das nichts brachte, suchte ihr dicker Mann in weißem T Shirt einen Stock, kletterte auf einen Stein hinter die Absperrung und schlug mit dem Stock in die Kolonie. Die Schmetterlinge stoben auf und flatterten wie wild. Der dicke Mann im weißen T-Shirt ist nicht vom Stein gestürzt und auch nicht über die Absperrung gefallen. Eigentlich hätte er es verdient. Nicht um sich zu verletzen, nur ein kleines bisschen weh tun. Sicher hat er einen schönen Abend und eine tolle Nacht. Irgendwie muss seine Frau es ihm danken. Meine Aussage zu den Geländern, dass die Griechen es damit nicht so haben, muss ich revidieren. Im Schmetterlingstal sind alle Geländer aus Griechenland angekommen.

Weiterfahrt in Richtung. Ich weiß gar nicht. Auf alle Fälle gab es einen Imbiss mit toller Aussicht. Mitten im Wald auf einer Anhöhe gelegen. Weiter dann durch grandiose Landschaft in Richtung Süden. Mit Badestopp. An der Westküste. Rauer und wilder und nicht so seicht, überhaupt nicht. Mit Steinen statt Strand. Wilde Wellen. Ohne Süßwasserdusche und Gastronomie. Ohne Musik. Ein zweiter Badestopp war dann am Agathi Beach. Das Wasser hatte das tollste Blau, was ich gesehen habe. Einfach leuchtend. Unterwegs war ein Haus, welches großes Interesse weckte. Gefunden haben wir den Weg dorthin. Nur zu fotografieren war es von der Position nicht. Also zurück zur Straße. Abends, wie soll es anders sein. Fußballspiel im Hotel, ich habe die Zeit genutzt zu recherchieren, was es in der Basketballwelt Neues gibt. Alles in allem ein toller Tag, bei dem mich besonders die Schmetterlinge fasziniert haben. Von solchen Tagen hätte ich gern mehr, am Meer.

Was das Essen betrifft, bin ich ziemlich unkompliziert. Allerdings, Ziegenmilchprodukte gehen gar nicht. Vor längerer Zeit war ich zu einem tollen Abendessen eingeladen, ein Homemade-Essen. Es sah toll aus, es wurde leckeres Brot gereicht, Frischkäse mit Cranberrys und andere leckere Dinge. Es sollte einen tollen Abend einleiten. Mein Appetit war geweckt. Auf den Frischkäse. Also großzügig diesen Frischkäse auf mein Brot und reingebissen. Ich bekam gleich Würgereiz. Der Gastgeber schaut vollkommen erschrocken. Enttäuscht. Es ging gar nicht. Und ich konnte mich nicht zusammen nehmen. Es gab noch anderen Käse, der war auch lecker.

Hier auf Rhodos haben wir uns für den Urlaub abgesprochen, zwei Mahlzeiten außer Haus zu essen und eine auf dem Balkon oder Zimmer. Für das Frühstück haben wir extra das beste Müsli von zuhause mitgebracht. Ich esse es mit Obst und Joghurt. Unsere Lebensmittel kaufen wir eigentlich beim Lebensmittelhändler unseres Vertrauens. Nur einmal waren wir woanders und haben drei Becher Joghurt mitgebracht, der war so schön preiswert und es ist ein traditionelles Produkt. Obst, Müsli, Joghurt auf den Teller. Beim ersten Bissen dachte ich, das Obst sei nicht richtig gewaschen? Egal. Weiteressen. Später habe ich es gemerkt. Der Joghurt ist aus Ziegenmilch. Tja wer lesen kann, ist klar im Vorteil. Ich hab tapfer aufgegessen. Bald essen wir unser Frühstück am Frühstücksbüfett im Hotel.

Ich hatte gehofft, dass ich dem Thema Fußball entkommen würde. Nur wenn in der Zeit der Fußballeuropameisterschaft gereist wird, dann kommt man nicht darum herum. Ich stehe dazu. Wenig Interesse. Mir ist es nicht wichtig, wer gewinnt. Und mir ist das Spiel zu langsam. Eines Abends nun, ging es dann nach dem Essen zum Fußball, mit uns gefühlt auch 300 andere Menschen, in eine Bar. Die Bar war gut vorbereitet. In jeder Blickrichtung hingen Fernseher. Und aus der Bar heraus über die Straße waren Weitere zu finden. Weitere Fernseher. In einer anderen Richtung zu sehen. Verrückt. Ziemlich verrückt. An unserem Tisch saß ein Paar aus Russland, die wirkten nicht so, wie ich mir Menschen aus Russland vorstelle. Hinter mir waren sogar Shisharauchende, mit einer russischen Fahne bekleidete Mädchen. Und verblüffend war, dass sie nicht posten. Nur war es kein guter Tag für den russischen Fußball. Sie haben gegen Wales verloren. Damit sind sie raus. Sieht also insgesamt schwierig für den russischen Sport aus. Ich wurde gefragt, ob ich mich mit dem Paar russisch unterhalten könnte. Natürlich. Nicht. Er stellt es sich so einfach vor. Russisch sprechen. Das Spiel auf unserer Seite, in meiner Blickrichtung war unspektakulär. Nun wurde es nichts mit der Kalithea-Therme. Deutschland spielt Fußball. Ganz Deutschland spielt Fußball. Auch die Urlauber.

Früh, beim zweiten Strandbesuch des Tages, dachte ich, Antje ist wieder da. Antje ist das Walross, welches früher bei N3 den Vorabend verschönt hat. Sie hatte mit ihrer Schnauze das Wasser der Ost- oder Nordsee an den Strand getrieben. Nun habe ich eine neue Ausgabe von Antje gesehen. Eine Dame um die siebzig, vielleicht auch achtzig lag bäuchlings im Wasser, aufgestützt auf Ihre Unterarme und genoss das Wasser und das Leben. Trieb das Wasser vor sich her, so wie dazumal Antje im Fernsehen. Und ich hatte Spaß. Sie auch. Sie trug ein Shirt und einen Sommerhut, der an einen Tropenhelm erinnerte. An diesem Strandabschnitt scheinen die Best Agers zu leben. Sie haben sicher in den

Achtzigern hier Urlaubsapartments gekauft und genießen ihren Ruhe- ihren Wohlstand.

Leute, die am Strand zu sehen sind, sind auch äußerst unterschiedlich. Zum Beispiel kam eine Gruppe deutscher Mädchen. Ich möchte nicht sagen Tussen, nein das sage ich nicht. An unseren schönen Strandabschnitt. Sie suchten sich sofort Liegen und mit der Ruhe war es vorbei. Zwei rein ins Wasser. Da fiel einer auf, sie hatte noch ihr Armband um. Zwischeninformation: Der Sand am Strand ist superheiß, er ist nicht ohne Schuhe zu betreten. Zurück zu der jungen Dame, der mit dem Armband. Sie nimmt das Armband ab, ruft eine von den Liegen, sie möchte ihr Armband holen und das abspülen. Ich dachte nur "bah, geht's noch". Als der Liegenkassierer kam, meinte sie "ja Moment, ich muss erst mal ins Wasser". Der Liegenkassierer schaute nicht schlecht. Leider konnte ich den Abzug nicht beobachten. Ganz nach deutscher Sitte ließen wir unsere Handtücher auf der Liege und gingen essen. Essen ist ein anderes Kapitel. Den Abzug der Mädels konnten wir nicht beobachten, aber von ihrem Fotoshooting kann ich noch berichten. Es fing an, mit einer und einem geborgten Selfiestick und am Ende waren es drei. Hier zeigte sich, dass auch die deutschen Mädchen posen können, am Wasser am Strand, in diese Richtung, in die andere. Eine doller als die andere. Liegt das am Alter?

Hinter uns lagerte am Vormittag ein russisches Pärchen, welches ein Baby erwartet. Las ein Buch, das den schönsten Einband hatte, den ich jemals sah. Er war dunkelblau mit Goldprägung im Phantasiestil. Ich war begeistert. Sie hatte, als sie ins Wasser ging ihre Schuhe am Strand abgestellt. Ich erinnere an den heißen Sand. Als sie zurückkam, war ein Schuh weg. Als gute Beobachterin wusste ich, wo er war. Eine Welle hatte ihn herausgetragen. Ich zu ihr "see you, see you" und mit dem Finger gezeigt. Besser hätte ich mein Russisch aktivieren sollen. Am späten Nachmittag waren sie dann weg, also die Tussen, was ich ja nicht sage, ihr Lagerplatz voller Müll. Das fand ich doof. Richtig doof. Das russische Pärchen war noch da. Er las noch in dem Buch, sie schlief. Ihre Schuhe waren auch noch da.
Rechts war eine Mutter mit ihrem Baby, sie spielte mit dem im Sand. Weiterhin eine Familie mit zwei Kindern, Mädchen und Junge, die richtig Spaß am Wasser hatten. Das Mädchen ging mit dem Vater ins Meer, für den Jungen hatten sie extra ein Planschbecken aufgestellt, er hatte

Schiss vor dem großen Wasser. Ich habe gern zugeschaut. Lustig fand ich, als sich das Mädchen den Badeschlüppi auszog und ins Becken. Papa hat's gesehen und das Wasser ausgetauscht. Außerdem kam eine junge Dame mit Mops vorbei und der Obstverkäufer. Neben dem Obstkauf können am Strand auch andere Dienstleistungen in Anspruch genommen werden. Armbänder-Flechtservice und Fußmassage. Wenn der Strandbesuch beendet wird, kann eine klassische Süßwasserdusche genutzt werden. Vorteil, vor dem Restaurantbesuch nicht mehr ins Hotel zu müssen.

Und nun geht er schon zu Ende der Urlaub, auf zum Flughafen. Der Flughafen von Rhodos ist unspektakulär. Es kann ja nicht alles so spektakulär sein, wie diese Insel. Das Flugzeug stammt aus einer deutschen Ferienfliegerflotte. Die Kopfwerbung weißt uns nett auf TUI Blue hin. Scheint eine neue Hotelkette zu sein.
Meine Sitznachbarn schauen ins Handy, noch mal schnell den Facebook Staus checken. Das heißt, der eine noch, der andere ist auf Wunsch seiner Freundin zu einem anderen Platz. Ich könnte mir einbilden, dass es wegen mir ist. Eher, weil die beiden zusammensitzen wollen.

Der andere bleibt bei mir sitzen. Die Chefstewardess erläutert das Flugzeug - es ist eine 737/800 Boeing. Flugzeit 3 Stunden und fünf Minuten bis Hannover. Auch wissen wir nun, was wir bei möglichen Gefahren zu tun haben. Das Flugzeug rollt zur Startbahn. Ich freue mich schon auf den Abflug. Wir sehen dann noch mal das Meer. Jetzt in der Luft. Mit uns circa 180 Reisende. Drei von den letzte Woche eingeführten Babys sind wieder mit an Bord, vier fehlen. Aber wir brauchen uns deshalb keine Sorgen zu machen. Dafür sind vier Kätzchen an Bord. Wahrscheinlich sind die einer Rettungsaktion zum Opfer gefallen. In der Reihe vor uns sitzt ein nettes Pärchen und ein Herr, seine Frau hat den anderen Gangplatz. Ein Baby quietscht schon. Hoffentlich halten die anderen still. Der Mann liest Charlotte Link. Ich bin immer davon ausgegangen, das ist die Schriftstellerin für die Frauen. Hinter mir wird auch Charlotte Link gelesen. Von einer Frau. Sie liest Schattenspiel. In der Reihe neben uns ein weiteres junges Paar. Alleine in der Reihe, weil ja die Freundin vorhin umzog. Sie schauen Film auf dem iPad. Ich hatte ja auf Flugzeug-Kino gehofft. Verhofft. Kein Film.

Das Essen wird angepriesen. Vegetarisch gibt es auch, Preise zwischen sieben und sieben Euro fünfzig. Wir haben uns selbst versorgt und vorgesorgt. Die junge Frau vor uns muss mal zur Toilette, die Anschnallzeichen leuchten noch immer. Sie fragt die Stewardess, ob sie mal zur Toilette kann. Sie kann, auf eigene Verantwortung. Wenn die Anschnallzeichen leuchten, dann steht man auf eigene Verantwortung auf. Das bedeutet, man ist nicht versichert. Ich muss nicht zur Toilette. 38.000 Fuß hoch. Über Bulgarien, Mazedonien, Serbien, Ungarn, Slowakei Tschechien nach Deutschland. Wir werden etwas eher in Hannover sein. Wenn das dann klappt, bekommen wir einen Zug eher. Im Bordjournal gibt es Uhren, die sehen schon klasse aus, aber, da ich kaum Uhren umbinde, darf wohl keine mit nach Hause. Das mitgebrachte Essen ist superlecker, Spinat in Blätterteig. Inzwischen weiß ich auch, was die Frau von dem Mann, der Charlotte Link liest, liest. Robert Galbrait. Der. Den Titel konnte ich nicht erkennen. Ansonsten sind die drei Babys an Bord entspannter als die sieben vom Hinflug. Die Kätzchen sind nicht zu hören. Mein Handy hat noch 33 Prozent.

Der Titel des Buches der Frau des Herrn, der Charlotte Link liest heißt "Der Ruf des Kuckucks". Der Pilot sagt, dass wir gleich über Prag sind. Leider sitze ich auf der falschen Seite. Laut der Aussage des Piloten werden wir Verfrühung haben. Es könnte also echt klappen mit dem früheren Zug. Das Pärchen neben uns schaut noch immer Film, der Mann vor mir liest noch Charlotte Link. Also nichts Neues. Außer. Erinnert ihr euch an das blonde kleine Kind von Check-in auf dem Hinflug. Das war eben hier, sein Papa übt mit ihm laufen. Stellt euch mal vor, später erzählen die Eltern, der Kleine hat im Flugzeug laufen gelernt. Das ist schon was.

Irgendwie riecht es jetzt nach Salamibrot. Dabei ist die Essenszeit schon vorbei. Landeanflug auf Hannover. Alle müssen ordentlich sitzen. Fast drei Stunden Flug gehen nun zu Ende.
Wir werden sicher landen und der Flug wird mir in Erinnerung bleiben, weil es keinen Tomatensaft gab. Nicht mal gegen Geld. Für den nächsten Flug packe ich mir eigenen Tomatensaft ein, ich hab ja genügend Zeit zu überlegen, wie ich den durch die Kontrolle bekomme.

Fahrwerk ist ausgefahren, mit den Tragflächen ist auch irgendwas passiert, wir sind schon ziemlich tief und es ruckelt. Das gefällt mir nicht wirklich. Wir sind nur noch knapp über den Bäumen. Landung. Nun noch bremsen. Alles gut, wir sind da. Wieder zuhause. Der Urlaub ist zu Ende. Und mit ihm die unbeschwerte Zeit.

Marokko

Das Abenteuer beginnt, eigentlich hat es ja schon begonnen, schon viel eher, so im März, vielleicht im März, vielleicht aber auch schon im Februar.

Mein ziemlicher Lieblingsdiscounter, der, der der immer die tollen Kataloge mit den Reisen hat immer was Tolles, und da war sie, die Reise, meine Reise, meine Rundreise, die, die schon ein Jahr eher angedacht war, die Reise, die dann nicht gemacht wurde, die ich nicht machen konnte, es war eine andere Reise, eine Reise, die mein Leben veränderte und eigentlich nur im übertragenen Sinne eine Reise war, eine Reise zu meiner Gesundheit zurück. Und als klar war, dass sie wieder da ist, die Gesundheit, war klar, es muss etwas Großartiges werden, der Katalog hatte tolle Angebote, eine Woche Albanien,

Vietnam, USA, und, kaum zu glauben, Marokko, Marokko, 14 Tage Rundreise, für ein unschlagbares Angebot, ein unschlagbarer Preis, mach ich′s, mach ich′s nicht, rumgefragt in meinen sozialen Netzwerken, "Ach Menno, mein Urlaub ist schon verplant." "Ach herrje, das halte ich nicht aus." "Oh da habe ich keinen Urlaub mehr." So oder so ähnlich, die Zeit wurde knapp, und ich wollte mich belohnen, belohnen dafür, dass ich so tapfer war.

Ostern, Mitte April, die Entscheidung, ich fahre notfalls auch allein, Marokko soll es sein, die Rundreise, Tablett, Reise gesucht, angefangen auszufüllen, die Überlegung, fahre ich doch allein, bin ich so mutig, traue, trau ich mich? Ich schlafe lieber mal drüber.

Osterzeit, eine Freundin kommt, mit Erdbeertorte, Kaffee, und wir erzählen, "Was hast du heute gemacht?"

"Ich wollte eine Reise buchen, ich habe alle gefragt, jeden und alle, und keiner möchte, oder kann, und nun geht's allein los …" "du hast nicht alle gefragt," "klar" "mich nicht."

"Ach würdest du mitkommen?" "Unbedingt." "Wo geht's denn hin?" "Nach Marokko," "Cool", "Willst Du mehr wissen?" "Nö", sie wollte tatsächlich nicht mehr wissen, wir haben uns dann noch über die Reisezeit geeinigt, und das wars. Und nun, Monate später, sitzen wir im Zug, im Zug zum Flughafen.

Nach Marokko, Marrakesch, Casablanca, Rabat, Wüste und Gebirge, ein Abenteuer erwartet uns, im wahrsten Sinne des Wortes,

Nur wussten wir das vor der Abfahrt nicht. "Du, steck Dir warme Sachen ein." Sagte jemand ein paar Tage vor der Abreise zu mir. "Ach, wir fliegen nach Marokko, dort ist es warm."

"Dort gibt es auch kalte Orte, im Gebirge zum Beispiel." Ich dachte noch, immer diese Besserwisser, Besserwisserinnen. Zur Absicherung wollte ich dann doch die Reiseroute vorab anschauen. Nur wo, der Flyer war weg, er ist einer der größeren Aufräumaktionen zum Opfer gefallen und mit ihm die Übersicht über die langersehnte Rundreise. Also, der Flyer war weg, der Flyer mit der Reisebeschreibung, und im Internet war die Reise nicht mehr zu finden. Was bleibt übrig? Das Kundentelefon des Veranstalters.

"Bitte lachen sie nicht, meine Nummer ist, ich fahre nach Marokko, können sie mir sagen, wo ich direkt hinfahren werde?"

Die Dame lachte nicht, sie erzählte entspannt und meinte, dass das eine tolle Reise sei, vermutlich sagt sie das jedem Anrufe, jeder Anruferin, gefreut habe ich mich dennoch.

Der Reiseplan war bekannt, ein dicker Pullover wandert zusätzlich in den Koffer und dann konnte es losgehen.

Der Flieger geht 19:00 Uhr, also um 17:00 Uhr am Flughafen, das sollte reichen, also um 11:00 losgehen, das passt,

Ein Treffen in der Mädchengruppe, "das geht so nicht, wenn der Zug Verspätung hat, wenn ihr den Flieger nicht bekommt." Ok, Lotte (die Reisefreundin) und ich schauen uns an, dann fahren wir eben eher, wenn die Mädels das so wollen. "Um 08:00 Uhr?" "Ja um acht".

Zug gebucht, um acht. Platzkarten? Platzkarten besorgt.

Und nun, wir sitzen, im Zug, im Ruheabteil mit drei Jungs, nix mit Ruhe, aber wir sitzen und unsere Koffer liegen auf der Anlage. Ein richtiger Zug. Alles ok, Urlaub, wir kommen, Urlaub, ich komme.

Zugfahren ist ja immer wieder toll, ich freue mich auf die Menschen, die ich treffen werde, beobachten kann, die Spaß machen, oder auch nerven, einfach in Ruhe beobachten, dazu bietet sich Zugfahren an.

Die Reise, unsere Reise, ging los. Verabredet am S-Bahnhof, ich bin mir sicher, wir sind verabredet am S-Bahnhof, oder doch nicht verabredet? Ich sitze allein, im ersten Wagen. Wo ist sie, steigt sie auch später ein?

Ich bin auf jeden Fall richtig an der Ausgangsstation. Oder?

Was bin ich froh, sie kommt angerannt, ab mit uns und unseren Koffern in das S-Bahnabteil. Später wird sich zeigen, dass ich zu viel Gepäck habe, später. Jetzt ist der Koffer nur (zu)schwer.

"Wo ist mein Kaffeebecher?", wir sitzen in der Bahn, in der Berliner S-Bahn. "Wieviel Zeit ist noch?" "Vier Minuten." "Vier Minuten? Schaffe ich." Nun sitze ich allein in der Bahn, mit zweimal Gepäck. Sitze in der Bahn, mit dem Gepäck von uns beiden, mit dem zu vielen Gepäck von uns beiden. Lotte sprintet los. Der Bauarbeiter im Nachbarabteil macht sein erstes Bier auf. Ich: "Hoffentlich schafft sie das." Der Bauarbeiter: "Wegen einem Kaffeebecher?" Ich: "Oh ja, wegen einem Kaffeebecher." Noch zwei Minuten, ich werde unruhig. "Einsteigen bitte!" Die automatische Ansage. Und, da ist sie, die Lotte. Der Bauarbeiter: "Wegen dem Becher wäre ich doch gelaufen" und nimmt einen Schluck aus seiner Flasche.

Wir fahren so vor uns hin, der Bauarbeiter döst, und wir werden langsam wach. Bis zum Umsteigebahnhof.

Der Zug steht da, eine vollvolumige Schaffnerin, ich frage "wo ist denn Wagen 37?" "Am anderen Ende des Zuges" "oh. Schaffe ich das noch ?" Sie, "37 fahren wir." Ok, es war noch Zeit, der zu war leer, mein übergewichtiger Koffer bekam einen Sitzplatz, der andere auch, und ich, wir saßen am Tisch, es wurde voller, mein Koffer hatte dennoch seinen Platz.

Die Fahrt war unspektakulär, nicht langweilig, aber auch nichts Besonderes, wir fahren vor uns hin, erzählen, laden die Handys, lesen nicht, Hannover nicht mehr weit, von irgendwo ist zu hören "Stefan ich muss jetzt aussteigen." Es klang genervt, ich wollte gern dazwischen rufen "Stefan, sie lügt, wir fahren noch 10 Minuten." Hab ich natürlich nicht gemacht, aber hätte ich gern, der arme Stefan.

Einfahrt Hannover. "Auf welches Gleis müssen wir ?" "Gleis sechs."

Gleis sechs gibt es gar nicht, etwas Panik, was nun, es war dann Gleis vier, nicht Gleis sechs, gefunden. Zug gefunden, Sitzplätze gefunden, Ruheabteil, gefunden und mit uns eine Familie (gefunden), Mutter, Johanna oder Jennifer, das ist nicht so klar, da ihre drei Jungs nur Mama sagten, sie, also Jennifer nannte die Jungs, Jonathan und Jacob. Drei, sechs und neun Jahre alt. Der älteste in Dresden geboren, der jüngste in Hannover. Der Mittlere redete nicht so viel. Sie fuhren nach Stuttgart, mit transportablem dvd Player, mit Handy und Tablet. Mit Süßigkeiten und Obst. Gut ausgestattet. Und sie fuhren mit uns, mal überlegten die Jungs, wie sie die Kopfhörer aufteilen. Zwei bei drei, schwierig.

Die Lösung: Der kleine durfte DVD schauen, auf Englisch, nicht, dass er es verstand, nein, die Mutter konnte sie nicht einstellen, die deutsche Sprache. Also schaute er auf Englisch.

Im Nachbarabteil konnten die Koffer nicht untergebracht werden, jeder musste über die nun im Gang stehenden Koffer steigen. Der Mann mit dem Kaffeebarwagen verweigerte sich, seine Kaffeebar über die Koffer zu heben. Das große Kofferrücken begann. Frau raus aus Abteil, Koffer rein ins Abteil, Frau rein ins Abteil und wieder raus, zweiter Koffer rein, Frau auch. Kaffeebarwagen vorbei. Koffer wieder raus. Frau auch. Koffer gerichtet, zurück ins Abteil, die Frau.

Inzwischen bei uns, in unserem Abteil. Die Jungs: "Mama" "Ja" "Du hast das Spiel gelöscht" "Habe ich, es war nicht genug Speicherplatz da." Der Junge, etwas lauter: "Aber du hast so viel andere Sachen drauf." Die Mutter: "Sorry, das ist mein Handy."

Weiter die Mutter: "Julian musst du pullern?" "Nein, erst zuhause wieder!" Sie, die Mutter: "Da bist du erst nächste Woche." Ich: "Oh jeh." Es wurde lauter. Hier bei uns im Ruheabteil. Es geht weiter. Die Jungs: "Mama du hast so viele Folgen Shoppingqueen.

Ja, ich höre nicht mehr hin. Und, genau, ja und, und wir, tranken eine Dose Schaumwein.

Es gibt ja Leute, da muss man, da muss ich nachdenken, was ich von denen halten soll. So zum Beispiel im Bus, im klimatisierten Reisebus, der uns vom Flieger in die erste Unterkunft bringen sollte. Wir waren so ziemlich die Ersten, im Bus. Best Place. Jede einen eigenen und stur, ziemlich stur sitzen geblieben, der Bus füllte sich, nach und nach stiegen Best Agers zu, sie verteilten sich auf die freien Plätze, auf dem neben mir.

Mein Rucksack, der blieb liegen, bis zu dem Moment, dem Moment, als der, ich sage nicht, ich sage es wirklich nicht, also als der, (Mhm?), wie soll ich es bezeichnen, ups nun doch, also als der Herr vor dem Sitz stand und meinte, wir brauchen hier mal vier Plätze. Ich war schon etwas angep_sst. "Sollen wir jetzt aussteigen?" Darauf hat er nicht reagiert, besser war es, vermutlich bin ich eine Unsympathin. Wir haben es dann geschafft, mein Rucksack und ich zogen einen Platz nach hinten, die Tasche von Lotte in die Ablage und alle waren zufrieden,

Die Fahrt durch das nächtliche Marrakech, imposant, der Hauptbahnhof im Art Deko Stil, beleuchtet. In dem Zusammenhang erzählte der Reiseleiter, er heißt Mohamed, dass Marrakech mal voll von Gebäuden im Art Deko Stil war, diese aber wegen des Alters abgerissen wurden. Ach, es wäre zu schön gewesen, diese zu sehen, sich an ihnen zu erfreuen, sie zu spüren. Alles gut. Hercule Poirot war, glaube ich mal in Marrakech unterwegs, und ich hab irgendwo den Film. Das nächste Regenwochenende ist gesichert.

Unser Hotel, ein Ibis Budget, ein super Budget, das Essen, die Getränkeversorgung, alles super Budget. Das ist nicht positiv gemeint. Die Gegend, die Landschaft entschädigt dafür.

Das Essen, ein kaltes Mahl, nicht Vegetarier freundlich, der Kellner, ich sag ja, die Gegend entschädigt.

Ich hatte noch gar nicht vom Flug berichtet, ach herrje, alles gut, zum Check-in, kein Mensch stand da, das Koffergewicht, zusammen 39,5 kg. Hy, wir können für 500 Gramm einkaufen. Auf zum Gate, Reihe zwei war unsere, die Reihe im Flugzeug, vermutlich waren wir ziemlich spät, deshalb diese tollen Plätze. Der Flug war eher unspektakulär, glaube ich zumindest. Er verging schnell. Die Landung war, ja wie war die Landung eigentlich? Ich weiß es nicht mehr. Vor dem Aussteigen mussten wir noch die Zettel ausfüllen, die Zettel, die uns berechtigen, dieses Land zu betreten. Aussteigen, wir waren fast die Ersten. Die Bediensteten für die Einreise wollten unbedingt wissen, welches Hotel wir bewohnen werden. Ich: "Große Rundreise". Eh wir uns beide einigten und eh Lottes Bediensteter, ich meine den Einreisebediensteten, eh dieser es verstanden hat, bildete sich eine Schlange, Lotte und ich waren die Vorreiter, wir hatten es dann für den Rest der Reisegesellschaft geklärt (und keiner hat es uns gedankt).

Ja und dann kam die Sache mit dem Bus. Die Geschichte ist bekannt.

Der Nachtschlaf war gut.

Um sieben klingelte der Wecker, um neun ging es weiter, besser, es ging richtig los.

Unsere Mitreisenden Ruheständler standen um halb neun am Bus. Wir kamen zu neun, der

Kampf um die Plätze war filmreif. Wir haben einen guten Platz gefunden,

Tag eins, es kann losgehen.

So, die Füße, meine Füße waren im Atlantik, das erste Mal, erwartet hatte ich warmes Wasser. Es war kalt, der Himmel war grau, die Luft war diesig, irgendwie war alles verschwommen, und ich, ich war im Atlantik. Der Weg dorthin, ein breiter Strand, Kamele oder Dromedare, Pferde mit ihren Betreuern. Pferde. Surfer, Picknicker, ein Pärchen aus unserer Gruppe haben ein Picknick gemacht, deshalb Picknicker. Dieses Pärchen senkt den Altersdurchschnitt enorm, auf einmal ist der achtzigjährige Bayer nur noch achtundfünfzig, ich aber auch, und nur wegen des jungen Paares. Gut das sie dabei sind, sonst wäre ich ja durchschnittlich noch älter, als ich es schon bin.

Ja und diese beiden saßen auf einer kleinen Düne, gemütlich, picknickten, ehrlich gesagt, ich weiß gar nicht, ob sie ein Weinchen dazu tranken, gepasst hätte es.

Ich selber hatte mich mittagsmäßig im Supermarkt eingedeckt. Baguette, Gorgonzola, Birne und Oliven, dazu Wasser, es war lecker, die Birne zu dem Gorgonzola,

und am Meer. Ja, auch wir waren Picknicker am Meer. Fast jeden aus unserer Reisegruppe trafen wir am Atlantik. Den Atlantik wollte sich keiner entgehen lassen, es gab Mitreisende, die in einem Café Schlemmern waren, andere, die die Promenade auf und abgingen, wobei Promenade in unserem Fall ein etwas geschwungener Steinweg war.

Alle unterwegs um das Meer, die davor liegenden Inseln zu sehen, sich daran zu erfreuen.

Gestartet wurde am Morgen in Marrakech, um neun. Über Wechselstube und Supermarkt. Der Supermarkt eine kleine Wellblechhütte, es gab gekühltes Wasser. Vorbei an Weinreben, Olivenhainen, Zuckermelonenfeldern, eine Halbwüste wurde auch passiert. Hätten wir in Geografie aufgepasst, dann wüssten wir, was eine Halbwüste ist, mal sehen, was Herr Internetsuchmaschine nachher sagt.

Und dann gab es ein Highlight, eigentlich zwei. Stopp in einem Restaurant mit verwunschenem Garten. Und einen Weiteren in einer Fraueninitiative. Dort wurden Arganprodukte hergestellt, Öl, Aufstrich, Honig, Kosmetika, böse, richtig böse teuer, aber ausgesprochen lecker, es gab Kostproben. Die Ruheständler und ich haben gut genascht, Lotte war nicht schnell genug.

Der Preis erklärt sich aus der Herstellung,

Die Arganbäume wachsen nur in der Region, sie sind voller Stacheln, Menschen können die Früchte nur schwer ernten, Ziegen machen das für uns, die klettern auf die Bäume, fressen die Früchte und die Blätter. Von den Früchten fressen sie nur die Schalen, die kerne spucken sie aus, die Menschen sammeln sie, die Kerne auf, trocknen sie, schlagen sie dann auf. Der Kern sieht aus, wie eine Mandel, er wird geröstet und zermalmt. Daraus wird dann das Öl gepresst, lecker, aber aufwändig,

Dann ging es weiter. Das nächste Hotel, eins zu eins zu dem, welches wir früh verließen, sogar der Teppich. Nur, es war, es ist gepflegt und sauber, es ist erfreulich, so erfreulich.

Nach dem in Besitz nehmen des Hotels, traf sich unsere Reisegruppe. Die Altstadt von Essaouira steht auf dem Programm, es wird sich im Laufe der Reise zeigen, dass alles nach Programm geht. Touris, Touris und nein, Einheimische, voll ist der Ort, sagenhaft voll. Wir sehen halbe Schweine, Hühner, Ziegen, Gewürze, Obst, Gemüse und viel Zeug, bunt, aromatisch, orientalisch, einfach schön,

Das Leben findet auf dem Platz zwischen Hafen und Altstadt statt. Musik, und Show, die Plätzchenverkäufer versuchen ihre Ware an den

Mann, besser an die Frau zu bekommen, eine Makrone war es, wurde es, mein Plätzchen, eine Honigmakrone.

Am Hafen, nur kurz, ganz kurz war ich da, es riecht dort, es riecht unangenehm, richtig unangenehm, eklig. Ehrlich, das will keiner riechen.

Zurück, ein Stück weg vom Hafen. In ein Café. Auf dem Nachbartisch steht eine Kanne, ich will das Getränk aus der Kanne, ich will ein Foto von der Kanne, ich bestelle eine Kanne. Ich weiß nicht, was da drin ist. Ich will diese Kanne und das, was darin ist. Wirklich gespannt, was darin ist. Die Kanne kommt, zwei Gläser, Lotte schüttelt den Kopf. Warum eigentlich? Ich gieße ein, es ist, es ist Tee. Superlecker, superpassend, wir sitzen am Platz, am Platz mitten in der Stadt, nah dem Meer, mit wenig Gerüchen nach Hafen. Erste Reihe und genießen den Tee. Der Hafen versinkt im Nebel, es wird frisch, das Leben ist schön, im Urlaub noch mehr, die Reisegruppe versammelt sich, es geht zurück zum Hotel.

Unser Abendbrot in Buffetform, es war so lecker, kalt und warm und Süßes als Nachtisch, an unserem Tisch ein paar, zwei Freunde und wir. Worüber sollen wir uns unterhalten, meine Idee. Über die Sitzverteilung im Bus, vorher Vorgeplänkel, ach wo kommen sie denn her? Wir, nördlich von Berlin, ein Herr aus der Schweiz: "Ich kenne nur eine Stadt in der Nähe von Berlin, Bernau." Bähm, Bernau, ein Herr aus der Schweiz, ach wen kennen sie denn da, Frau R.. Ich kenne sie auch, das war echt ein Ding,

Nun drehte sich das Abendgespräch nur noch darum. Ich habe dann tatsächlich aus Marokko heraus die aktuelle Telefonnummer organisiert. Schade, dass wir die Dame nicht sehen konnten, als sie unser "Pärchenfoto" sah.

Der Nachtschlaf prima bis halb sechs, ausgeschlafen. Halb sechs im Urlaub, Danke E-Book, lesen bis sechs, dann tatsächlich, Aufstehen.

Wir fahren bis Casablanca, lange Zeit am Meer entlang, links das Meer, rechts Kargheit, irgendwo eine Pause in einem schönen Café, sagt der Reiseleiter. Das Café war nicht schön, die Straße war nicht schön, aber es war ok. Weiterfahren, wieder viel Sand, viele Steine, Straßendörfer.

Zeit noch einmal über die Sitzplatzverteilung im Bus nachzudenken, die Reise ging um acht los. Sie sollte um acht losgehen. Halb acht, Achtung HALB acht war der Erste im Bus. "Heute machen wir das mal anders, heute sitze ich hier zuerst."

Sagte ein alleinreisender Herr zwischen fünfzig und sechzig. Ich grinste, mal sehen wie das Stechen um die Plätze ausgehen wird. Unsere Plätze sind mit Jacke belegt. Morgen nehmen wir die Handtücher. Die Handtücher zum Sitzplatzreservieren,

Etwa zehn vor acht. Ich in den Bus. Es ging los. "Entschuldigung, hier sitze ich." "Oh nein, ich saß gestern dort, dort sitzt jetzt jemand." "Schatz wo sind denn unsere Plätze ?" Besetzt. "Wie wir können nicht zusammensitzen?" "Ich mache für sie Platz."

So oder so ähnlich ging es, ich hatte Spaß und gab Applaus, als der Herr seinen Platz für Zusammenreisende frei machte, er ist mein Held des Tages.

Die Fahrt ging los. Ein Zwischenstopp. Die besichtigte Altstadt glich einem Polenmarkt. Nicht, dass Polenmärkte etwas grundsätzlich Schlechtes sind. Ich benenne diese hier nur als Vergleichsbild. Schade, um das schöne Stadtbild. Die Gänge voller Replikationen. Nur wenn ich hochschaute, konnte ich erahnen, wie schön es ohne die Marktstände sein muss. Zurück, ein Blick aufs Meer und ab in den Bus, um nach kurzer Fahrt eine Pause zu machen, die Pause für die Seele sein wird, ist, war. Ein Ort voller Ferienwohnungen. Die Marokkaner aus dem

Inland zieht es im Hochsommer ans Meer, sowie uns auch. Wir gingen zum Strand, eher ein Strandabschnitt, Felsen im Wasser, Wellen brechen an den Felswänden, Fischer versuchen ihren Fang zu verkaufen. Es gibt Händler, die Muscheln angeboten haben, ich hab besser nicht gekostet, andere schon, hoffentlich geht es gut. Die Muscheln, es waren Austern, wurden roh geschlürft.

Halbe Stunde aufs Meer schauen, ich saß nur auf der Kaimauer und lies die Beine baumeln, völlig versunken im Moment, die Mitreisenden im Blick.

Der Herr aus der Schweiz isst ein Toblerone Eis. Nationalstolz, was würden wir für ein Eis essen? Was ist ein typisch deutsches Eis?

Rein in den Bus, next Stopp, ich hab's vergessen, eine Altstadt am Meer, eine Stadtmauer, Kanonen, portugiesischer Baustil, eine Straße, einmal auf und einmal ab, eine Mittagspause im Straßencafé. Essen. "Wie lange dauert das Essen?" fragt der Herr aus der Schweiz auf Englisch. Er kann auch kein Marokkanisch, ich meine Französisch sprechen. "Twenty minuts" oder so, ist die Auskunft. Zu lange für uns, also wird es kein Essen, sondern, ein Cup of Tea, grüner Tee mit Minze, ohne Zucker, lecker, leicht bitter, warm, erfrischend. Ein bisschen Stress gab es auch. Eine der alleinreisenden Damen, es gibt tatsächlich alleinreisende Damen auf der Reise. Der Servicemann brachte ihr Espresso, sie hatte doch aber einen Cappuccino bestellt. Ich vermute, sie hatte den Tütencapuccino vom Discounter im Blick. Sie ließ den Espresso zurückgehen, der Servicemann war völlig irritiert. Die Lösung: Der nette Herr bei uns am Tisch nahm ihn dann.

Am Tisch davor ein Paar, obgleich wir nicht wissen, was sie für ein Paar sind. Liebespaar? Vater und Tochter? Kollegen? Wir haben noch 12 Tage Zeit es herauszubekommen,

Sie bestellten Salat, Bananeshake und wollten plattgedrücktes Baguette, das ward nicht so fertig, wie sie es sich dachten, und was machten sie? Sie gingen weg, ohne es zu zahlen, wir sind mit Leuten unterwegs.

Kurz, Lotte hatte dann ein Baguette, plattgedrückt und ich? Ich hatte zerbrochene Salzstangen,

Die Fahrt wurde wieder aufgenommen, Plätze im Bus wurden gewechselt.

Casablanca, wir kommen. Wir sind auf dem Weg zu Dir. Ich sage nur, schau mir in die Augen Kleines,

An der Strandpromenade ein Spaziergehstopp, ans Meer kam ich nicht, der Strand voller Felsen, davor Clubs und Bars und die Spaziergehpromenade. Schade.

Der Wind pustete uns durch. Der Blick, die Sommersonnenwende, das Licht nicht zu beschreiben,

Besuch der größten Moschee, der Hassan-II. Moschee. Wahnsinn, das Minarett ist 202 Meter hoch, der Innenraum fasst 25000 Menschen, ich hab mich nicht vertippt, 25000 Gläubige. (Anmerkung, ich habe keine Ahnung, wie das mit den Gläubigen in Zeiten der Coronapandemie ist.) Das Dach kann angehoben werden, um die Luftzirkulation zu gewährleisten. Zwei Drittel der Moschee sind auf Wasser gebaut. Es gibt eine Tiefgarage für 3000 Autos. Und wir, wir schaffen nicht mal einen Flughafen, (Obgleich, der soll ja nun im Oktober 2020, nach 10-jähriger Verspätung, eröffnet werden).

Schauen, staunen, wundern, und einen Daumen hoch für mich, von einem dreijährigen, vielleicht war er auch schon vier, er spielte Fußball, schoss, der Ball kam auf mich zu, ich sah es, Fuß zur Seite, gegen getreten, und mit einem kleinen Bogen auf den kleinen zurück. Auf seinen Fuß. Es war purer Zufall. Aber es sah so nicht aus. Er dreht sich um, schaut mich an, und zeigt Daumen hoch. Hach ja, so ein Kleiner ist einfach zu begeistern.

Zurück zum Bus und, ab in den Stau, Stadtstau. So leer die Autobahn war, so voll ist die Stadt. Der Reiseführer erzählt über das Verkehrssystem in Marokko, über die Unterstützung des Staates für die Taxifahrer, über Bauwesen und das Leben in der Stadt. Interessant. Und wo ist Clark Gabel? Schau mir in die Augen, Kleines.

Nächster Stop, nächstes Hotel. Wir werden mit Tee empfangen, die Zimmerkarte liegt bereit. Wir gehen mit den Koffern zum Fahrstuhl und mit uns gefühlte hundert weitere Reisende. Mein Versuch, die in der zweiten Etage wohnenden zum Laufen zu bewegen, funktioniert nicht, alle scheinen zu große Koffer zu haben. Der Tee ist alle, es gibt einen Platz im Fahrstuhl, ich mit einer weiteren Person und zwei Koffern teile. Lotte läuft. Sie ist vor dem Fahrstuhl oben. Unser Zimmer, 462, dieses Zimmer gibt es nicht. Vielleicht doch 402? Ja, 402 ist es. Blöd, wenn die Zimmerkarten mit der Hand beschriftet werden. 462, ein schönes großes Zimmer, mit großem Bett also zwei großen Betten, im Bad eine Wanne, und einmal Handtücher. Da ich schneller beim duschen war, verklebt, verdreckt, einfach oll, waren die Handtücher die meinigen.

Abendessen, nun ging es in den Speisesaal, mit uns, nicht nur unsere gesamte Reisegruppe, sondern auch die Reisegruppe, die für das Chaos an den Fahrstühlen gesorgt hatte. Das Chaos an den Fahrstühlen war nur ein Vorgeschmack, auf die jetzige Situation.

Zwei Reisegruppen fallen heuschreckenartig, erst in das Hotel und danach in den Speisesaal ein. Geplant war offensichtlich nur eine Reisegruppe. Zumindest war das Essen nur für eine Reisegruppe geplant. Und das kam so. Die zweite Gruppe war ursprünglich falsch, was heißt falsch? Sie hatten eigentlich ein anderes Hotel ausgesucht, waren dort nicht gebucht. Hatten zum Teil schon eingecheckt, mussten sie wieder raus. Die Zimmer verlassen, in den Bus, durch den Stadtstau und dann, dann kamen sie zeitgleich mit uns an, angepasst. (Achtung das zweite a in dem Wort angepasst mit i ersetzen) Dann kam noch die Fahrstuhlgeschichte. Nun sind wir alle im Speisesaal am Buffet, welches nur für eine Reisegruppe hergestellt wurde, hektisch wurde nachgeliefert. Für meine persönliche Essenmäkelei blieben dann, Kartoffeln mit Mayo übrig. Es war ok. Die Mayo war lecker und genug Spaß am Tisch hatten wir auch. Ich weiß ja nicht, wie wir damit umgegangen wären, wäre die doppelte Anzahl von Gästen zu uns gekommen.

Mein Nachtschlaf, diesmal unruhig. Der Wecker klingelte 5.30 Uhr, 7.30 Uhr Abfahrt.
Stopp eins, der Königspalast von Rabat. Es ist eher eine Stadt, in der Hauptstadt Marokkos. Gepflegt, sehenswert, schön. Zutritt nur in Begleitung. In dieser Stadt ist ein entfernen von der Gruppe nicht ratsam. Also, man darf es nicht. Und man fragt nicht, warum man es nicht darf. Überhaupt nicht fragt man sich das. Also ich mache es nicht. Und man darf sich nicht von der Gruppe entfernen, tut man es, geht ein Gepfeife los, Trillerpfeifengepfeife, alles starrt auf einen. Wegen mir wurde nicht getrillert. Ich war's nicht,
früher, in der Vergangenheit, wurden Menschen aus den Stämmen des Landes für den Dienst am Hofe entführt, für den Militärdienst, besonders gern wurden Tuareg genommen, ein sehr kräftiges, starkes Volk. Man kann sie an weißen umhängen, roten Kappen und gelben Latschen erkennen. Meine Frage, ob die Bediensteten von heute echte Tuareg seien, konnte so nicht beantwortet werden, es scheint auch in Marokko

keine "echten" Marokkaner zu geben, (ich weiß, das ist gerade politisch unkorrekt).

Es geht weiter, nächstes Ziel ist eine Kasbah. Kasbah ist entweder ein Ort in einer Oase oder eine Militärstation. Wir besichtigten eine Militärstation. Die Außenmauer wird immer restauriert, der Innenbereich bleibt, wie gehabt. Ruinen dürfen beklettert, betreten werden. Ein wirklich ansprechendes Gebiet, ein Gang durch Tore, über Mauerstücke, begleitet durch kleine, leider ungepflegte Kätzchen. Die beobachteten die Menschen und hofften bestimmt auf unseren Abgang, damit wieder Ruhe einkehrt. Aber weit gefehlt, Reisegruppen im Takt, eine nach der anderen. Alle wollen diese, genau diese eine Kasbah sehen.

Wir überwanden die Mauern und Ruinen. Als diese überwunden waren, öffnete sich ein traumhafter Gang, gesäumt von großen, üppigen Pflanzen. Wie geht das? Ich kann es nicht erklären. Ein Genuss für die Augen. Am Ausgang zwei Trommler, die für uns Touristen spielten und damit vermutlich ihren Lebensunterhalt verdienen,

Wieder im Bus. Wir sitzen drin und weiter ging es. Nächster Stopp Mausoleum von, Mhm, von wem? Mohamed der fünfte vielleicht, er war der

König, der das Volk in die Unabhängigkeit führte. Das Mausoleum, sehr schön, sehr prunkvoll, viel Glitzer. Ein Vorleser, der aus dem Koran liest. Wobei es eher heißen muss, aus dem Koran vorsingt.

Die Fahrt geht weiter. 20 min Zeit im Supermarkt. 40 waren es dann, und ich hab den Wein vergessen, egal, morgen eben.

Ein Stopp, ein Stopp an einer Tankstelle, Mohamed der Reiseführer meinte, es sei eine Raststätte, es ist eine Raststätte, wie sie überall auf der Welt stehen könnte, grün, gelbe strahlende Müllkübel, rote Sandkisten.

Benzin ungefähr 90 Cent.

Innen, Plastestühle, Plastetische, eine Plastetheke, keine Speisen, wie ich sie mir vorgestellt habe, keine Falafel, kein Humus, kein Halloumi, Cappuccino aus dem Papierbecher und aus Pulver angerührt, wir haben die marokkanische Baukunst, Tankstellen, nein Raststättenbaukunst und Innenarchitektur erleben dürfen, Danke Herr Reiseveranstalter, das gehört ja auch irgendwie zum Thema Land und Leute.

Was ich aß? Tortilla, kalt mit Ketchup.

Durch die Anstrengung des Tages ist meine Bluse kaputt gegangen, erst ein kleiner Dreiangel und dann ein richtig großer, alte Bluse, alter Stoff, trockene Luft, ärgerlich, aber jeder erzählt es mir, und ich: "Die Designerin wollte das so, letztes Jahr waren es die Hosen, dieses Jahr sind es die Blusen." Dazu ein nettes Lächeln und durch bin ich mit dem Thema, kaputte Bluse.

Tanger, da bin ich, die Stadt, an der Atlantik und Mittelmeer zusammenfließen. Tanger die Stadt, die sich in den letzten Jahren massiv ausgebreitet hat. Tanger, die Stadt, die eine Freihandelszone ist, oder hat. Niederlassungen verschiedenster Firmen können hier produzieren und brauchen keine Steuern an den Staat zu zahlen.

Eine Reise mit dem Bus durch die Stadt. Mein Brot fällt bereits ein zweites Mal herunter. Hatte ich erwähnt, dass das Brot immer wieder abstürzt, wir werden es nachher an die Möwen verfüttern. Ich denke über das Brot nach und der Reiseleiter berichtet über Vorteile von Freihandelszonen. Über die Mode- und Schuhmarken und ich sitze mit meinem Brot unter dem Arm und warte auf das Meer.

Busgespräche: Irgendwie redet inzwischen jeder mit jedem, wir erörtern die Möglichkeiten des

Alleinreisens. Vielleicht traue ich mich es doch, ich meine das unterwegs sein als Alleinreisende. Bestimmt irgendwann. Der Bus quält sich die Straße hinauf. Rechts und links Marokkaner, marokkanische Bürger. Feierabend. Wo steckt die Altstadt, der Herr vor mir knipst vermutlich sein zweitausendes Bild. Eigentlich ein Grund zum Feiern. Machen wir nicht. Ich selber bin noch nicht bei hundert Fotos. Ich würde ja gern sagen, klasse vor Masse, aber vermutlich ist es auch so nicht,

Links neben mir eine Dame, Lehrerin in Pension, leidenschaftliche Reiserin, die es schafft mich anzustecken, eine Ansteckung fürs Leben. Vermutlich fürs Leben.

Noch fahren wir durch das moderne Tanger,

Die Altstadt, toll und voll. Voll anstrengend, und nicht nur Touristen, viele Einheimische, Kinder in Schuluniformen, Händler für Obst und Gemüse, Souvenirverkäufer. Unser Gang führt zum Hafen, nicht schön, wirklich nicht schön, aber da,

Das Hotel, ein gutes Hotel einer Kette, in der wir immer wieder wohnen. Ein Gang, um sich die Füße zu vertreten. Der Weg, unser Weg zum Strand, Füße in den Atlantik gesteckt, oder ist es das Mittelmeer?

Aber gestern in Casablanca, das war doch Humphrey Bogart.

Es gibt echte Fans, die nicht verzichten konnten, darauf hinzuweisen. Danke dafür.

Altstädte sind Reservoirs der Tradition, sagt Mohamed der Reiseleiter. Das höre ich noch, bevor ich mich setzen muss. Ich, ich muss mich setzen.

Der gestrige Abend, ein schöner Abend, vor dem Abendessen den erwähnten Gang ans Meer. Es war wohl das Mittelmeer, zumindest sagte es eine Mitreisende. Ich persönlich fand es wirklich kalt, eigentlich sollte das Mittelmeer noch warm sein. War's nicht. Meinen Füßen war kalt. Ich kann nur die Temperaturfühlichkeit der Füße beschreiben. Komplett reingehen, oh nein. Tanger, eine moderne, vermutlich Kompromissbereitegroßstadt und eine Person, die, wie die Waage sagt, eigentlich zwei Personen ist. So eine Person im Bikini, das ist vermutlich sogar für weltoffene Marokkaner zu viel, kurz gesagt, ich hab mich nicht getraut, Lotte auch nicht, obgleich sie nur ein Mensch ist, vielleicht sogar etwas weniger, sie traute sich auch nicht, und mit Kleid ins Wasser, das wäre eine Lösung gewesen. Auf diese Lösung sind wir nicht gekommen.

Zurück im Hotel. Wir wollten W-LAN. Wir haben uns gegenseitig unterstützt. Irgendwann waren wir dann alle internetmäßig zufrieden gestellt. Da ich es extra erwähne, zeigt, dass es wirklich anstrengend war es zu erhalten.

Zum Abendbrot gab es ein Menü. Gemüsesuppe, sie roch verführerisch. Aus Erfahrung fragte ich, mit was für einer Brühe ist das gekocht, auf Deutsch. Der Kellner "Du you speak english?" Und ich, schaute ihn mit großen Augen an, was heißt Brühe auf Englisch, die Rettung saß am Tisch, ein arabisch sprechendes Ehepaar. Es war Fleischbrühe, und damit war ich raus aus der Suppe, besser gesagt aus dem gesamten abendlichen Menü. Was am Abend absolut ok war, denn ich durfte ans Salatbuffet, und das war super, einen Gemüsematschsalat. Inhaltlich schwer zu erkennen. Ich vermute Aubergine, Zucchini, Tomate, Zwiebel und vielleicht Möhre.

Oliven waren nicht daran. Gewürzt, genau so, wie ich mir vorstellte, etwas Fisch und Meeresfrüchte, Tomate Mozzarella. Es war so lecker. Alle waren neidisch. Zurecht. Die Hauptspeise, Hähnchen mit Pommes. Ich bekam den zweiten Gang am Salatbüfett. Vorher wurde ich noch gefragt, ob ich Fisch wolle. Nein, lieber noch mal ans, genau Salatbüffet, dazu ein einheimisches Bier, Casablanca. Der Preis des

Bieres jenseits von gut und böse, der Herr am Tisch wollte es zahlen, das wollten wir nicht, das wären 12 Euro, zu teuer. Er war etwas irritiert.

Dennoch saßen wir lange, es war schön, erzählten, tauschten Meinungen aus, ein schöner Abend, ein guter Schlaf, und morgens "Brauchst du noch lange im Bad?" Fragte ich Lotte.

Ich schaffte es noch, ein paar Pillchen eingeworfen, dazu schwarzen Tee, doppelte Dosis Pillchen. Ich rede hier gerade über die Pillchen, die dafür sorgen, dass verflüssigte Stoffwechselendprodukte im Körper bleiben. Wie gesagt doppelte Dosis eingeworfen. Sicherheitshalber. Es wirkte und wie.

Abfahrt, der tägliche Kampf um die Plätze im Bus begann.

Für meinen Vorschlag, ein Lossystem einzuführen, konnte keine Mehrheit gewonnen werden. Fünf gute Gründe waren zu finden, die da wären: Jeder sitzt mal bei jedem und kommt ins Gespräch. Jeder hat mal Glück und mal Pech. Keiner muss eine Stunde vor Abfahrt den Platz reservieren, und der allergrößte, aller wichtigste Grund: Alle sind viel entspannter. OK, es sind nur vier. Deshalb bin ich also nicht mit der Idee durchgekommen.

"Stellen sie sich mal vor, wenn sie damit durchkommen, was dann hier los ist." Sagte eine ältere Dame zu mir. "Dann hab ich richtig Spaß." War meine spontane Antwort. "Aber andere Mitreisende nicht." Selbst meine Erklärung, dass wir hier nicht in einer Demokratie sind, nutzte nichts. Also blieb alles beim Alten, bis zu dem Moment nach dem ersten Stopp, eine Ehefrau wollte gern neben ihrem Mann sitzen und fragte den Sitznachbarn, ob er tauschen würde? Wollte dieser nicht. Auf einmal ging ein Theater mit dem Ergebnis los, dass die Frau sich zu einer anderen netten Dame setzte. Der positive Effekt, es scheint zwei neue Freundinnen zu geben.

Der erste Stopp, Tetouan, eine Stadt mit spanisch-portugiesischen Einflüssen. Weiße Häuser an den Fels geklebt, traumschön. Königspalast und die Gassen, das jüdische Viertel. Heute ist Freitag. Mohamed, unser Reiseführer erklärt die Bedeutung des Freitags und der Gebetspunkte. Es kommt die Aussage - die Altstadt ist das Reservoir der Tradition, und mir wird schwummerig, schnell hinsetzen, sehr schnell hinsetzten. Hände vor den Kopf, bloß nicht weinen. Ist mir schlecht. Die Reisegruppe ist besorgt. Der Rundgang ist für mich beendet.

Zumindest mental. Es gibt diverse Ratschläge, aber erst mal etwas zu trinken. Bis auf den Tee hatte ich in der Hitze Marokkos am heutigen Vormittag noch nichts getrunken.

Das Ergebnis der Ratschläge, Kola mit Salzstangen, Zitrone und Banane, nach der Beruhigung meines Körpers am Tag danach unterstützt von Kohletabletten und ab sofort einem morgendlichen Kräuterschnaps, war, dass ich wieder mitgehen konnte. Ich war die Erste, die so zu leiden hatte. Hinterher stellte sich heraus, dass ein ganzer, ein großer Teil der Businsassen mit diesem Leiden zu tun hatte.

Es gab eine Kaffeepause, für mich war es eine Kolapause. Wieder im Reisebus verteilte ich unsere Salzstangen.

Weiter geht die Fahrt. Fes. Wir fahren an Bergen vorbei, deren Kämme mit Windrädern gespickt sind. Das geht wohl bis zum Mittelmeer. Die Landschaft ist imposant. Der Bus quält sich eine kurvenreiche Straße hoch. Rechts geht es herunter, links nach oben, immer mal ein Häuschen, ein paar Ziegen, ein paar Kinder, und unser Bus mit uns mittendrin.

Ein weiterer Stopp, eine weißblaue Stadt, eine Stadt aus dem Weltkulturerbe, es versprach traumhaft zu werden. Ein Spaziergang durch die

Gassen, vorbei an schönen Häusern, das erleben des mittäglichen Lebens, Männer in weißen Kaftanen, gelben Latschen die Tracht der Touarek. Kinder in Schuluniformen. Die Mädchen in weinroten Latzröcken mit Blusen, netten Frisuren. Vorbei an Obst und Gemüseständen und am Hühnerverkauf.

Tolle Blicke, tolle Architektur. Eine Mischung zwischen Spanisch und Griechisch. Ich freue mich auf all das. Und was passiert? Ich, steige aus dem Bus, mir wird schwindlig und ich gehe zurück in den Bus. Alle aus der Reisegruppe schauen die schöne Stadt Chefchaouen an. Und liege, besser hänge schlafend im Bus. Hoffentlich ist es nur heute so, sonst wäre es echt doof, ähm ich meine oll.

Die Gruppe kommt voll mit all diesen Eindrücken zurück, Eindrücken, die ich nicht hatte. Es geht weiter. Ein Reisender zu mir, du siehst nicht gut aus. Ich fühle mich auch nicht gut, noch nicht. Es gibt weitere Tipps. Haschisch rauchen, hilft gegen alles, rauchst du? Ich "Nein, aber ich kann das, ich hab's mal gelernt." Die Lacher waren bei mir, das Hasch, noch nicht, dafür gab es einen weiteren Kräuterlikör. Ein echter Vorteil, wenn man mit Ruheständlern reist. Prost.

Pause, die dritte Kola, wobei mir schon bekannt ist, dass Kola mit C geschrieben wird, also Cola, die Reise geht weiter,

Die Berge rechts und links sind weg, wir sind über 600 m hoch, es kommen Kinder entgegen. Es ist nach 17 Uhr, so sagenhaft lange geht die Schule. Es ist noch immer Freitag.

Über das Land verteilt sind Wasserzysternen, dort holen sich die Bewohner Wasser, Wasser zum Waschen.

Zum Kochen scheint das Wasser woanders her zu kommen.

Die Idee mit der Haschzigarette ist nicht umsetzbar. In meinem Reiseführer aus dem Jahr 2000 sind dafür fünf Jahre Gefängnis ausgelobt. Das geht gar nicht. Der Tipp kam, kaum zu glauben, von einer Lehrerin. Inzwischen geht es mir wieder besser, und wir sind auch bald im Hotel, ich bin ehrlich gesagt gespannt, wie viele Kilometer wir am Ende der Reise gefahren sind.

Da ist sie, die Stadt Fes, endlich, am Rand ein Budget, unser Reiseführer Mohamed "Da ist unser Hotel." Ohm, ich dachte nur Ohm. Dieses aus dem Yoga angelehnte Ohm, das zur Beruhigung gedachte Ohm. Reiseführer

Mohamed machte einen Spaß. Ich dachte Uff. Unser Hotel hat sicher schon mal bessere Tage gesehen. Unabhängig davon ist es schön, orientalisch, pompös. Mit Kofferträgern, das Zimmer orientalisch, die Lobby, großzügig. Arabisch mit Teetisch und tiefen Sofas. Heißt das Sofa oder eher Diwan? Jedenfalls diese supergemütlichen Sitzgelegenheiten, die, die da sagen, Füße hoch und abtauchen.

Das Abendbrot, Kartoffeln und Matschsalat, Fisch und Hühnchen, Nudeln mit Soße, Brot und andere Salate. Süßes, Cremeschnitten und Obst. Und ich konnte mitessen, musste ich auch, nach diesem Tag. Vollkommen platt. Nur noch mit der Frage im Kopf "Wo ist mein Bett?"

"Wir treffen uns dann zur Teezeremonie, 20.45." 20.45, hier ticken die Uhren anders. Mein Bett muss warten. Ich bin pünktlich am Bus. Unsere Tour in die dunkle Stadt, zum Königspalast. Ein golden strahlendes Gebäude in der Dunkelheit. Der marokkanische König ist immer wieder in Fes. Seine Frau kommt aus der Stadt, sie hat hier ihre Wurzeln. Kennengelernt haben sie sich in New York. Er war Ehrengast an dem Institut, an dem sie studierte. Eineinhalb Jahre später waren sie verheiratet. Sie haben zwei Kinder, 15 und 12.

Die Infos, gab es von erfahreneren Klatsch- und Tratschzeitungsleserinnen und dem Reiseführer Mohamed. Weiter ging es zu einem Platz, an dem sich, gefühlt, die halbe Stadt versammelt hat. Die Bewohner saßen in der warmen Luft. Kinder liefen herum, es war ein Schwirren und Sirren zu hören. Fetzen der Unterhaltungen.

Weiter, durch Gassen, vorbei an Cafés, voll, voller am vollsten, nur Männer. Mit der Gleichberechtigung haben sie es noch nicht so.

Ein Haus, keine Fenster nach außen. Der Eingang, Stufen gehen nach unten. Es öffnet sich ein Raum, hoch, fast wie ein Hof, ohne Überdachung.

Ein Ehepaar hatte zur Teezeremonie geladen. Natürlich gegen Entgelt.

Marokkanischer Tee besteht aus einer Mischung aus grünem und anderem Kräutertee. In der Regel Minze. Dazu gehört nichtraffinierter Zucker. Die Teemischung wird aufgegossen und aus großer Höhe in die Gläser und wieder zurückgegossen. Der Erfolg dieses Vorgangs? Eine Schaumkrone auf dem Tee. Gereicht wurde von der Hausfrau hergestelltes Gebäck. Süß, mit Honig und Sesam. Die Zeremonie wurde eine gute Stunde zelebriert. Ich bin noch heute dankbar für dieses Erlebnis. Es ist nicht

selbstverständlich so etwas in Privaträumen, auch wenn es gegen Bezahlung war, zu erleben.
Die Rückfahrt zum Hotel wurde für einen Zwischenstopp unterbrochen. Es gab einen Panoramablick über die beleuchtete Stadt. Wie sie dort lag, in ihrem Glanz, in ihrem Glitzer. Ein weiterer Höhepunkt für die Augen. Voller neuer Bilder ging es nun tatsächlich zurück zum Hotel.

Wieder geht über Marokko die Sonne auf. Ein Start in den neuen Tag. Auf dem Plan steht die Besichtigung der Altstadt. Wir laufen durch ein Gewirr von engen Gassen. Vorbei an diversen Händlern und Kunsthändlern. Der Weg führte uns zur Besichtigung einer Werkstatt, in der Messingdinge hergestellt werden. Weiter zu einem Teppichhändler, mein Lieblingsteppich, ein Berberteppich, ich hab ihn nicht gekauft, wirklich nicht, aber ich hätte es sehr gern getan. Schade.
Ein traditionelles Mittagessen, es gab Vorspeisen. Tajine, den typischen orientalischen Schmortopf.

Darin war für die Fleischesser, Fleisch mit Backpflaumen, für mich Gemüse, Vorspeisen und Obst. Zeit und Gespräche. Weiter in eine Weberei und zum Abschluss eine Gerberei, der

Geruch ist nicht zu beschreiben, würgereizend trifft ihn sicher am besten. Ein Ausflug in die Tiefen der marokkanischen Handwerkskünste.

Gerüche, überall Gerüche. In den engen Gassen wurden Gewürze verkauft, Weihrauch und Süßigkeiten. Das sind die guten Gerüche. Dazu kommen die Gerüche von Fleisch. Halbe Schweine, wobei, hier isst man doch kein Schwein, aber Ziegenköpfe, sehr gewöhnungsbedürftig, dazu lebende und getötete Hühner, Puten und Kleingetier,

Und in den Gassen leben Katzen ohne Ende, irgendwie überall, die Altstadt ist in Katzenhand, Katzenpfote sozusagen.

Zum Ende des Rundganges, nach circa 6 Stunden, übernahmen Kinder die Herrschaft. Sie versuchten Anhänger, Magnete oder auch nur ein Lächeln, zu verkaufen. Angestachelt von Müttern. Verständlich. Sie sind schon herzerwärmend.

Wieder im Bus, eigentlich schon vorher, eigentlich kann ich das gar nicht erzählen, nicht beschreiben. Es gehört dennoch zu der Geschichte.

Das gestrige Problem ist wieder da, und etwas schlimmer, ich war die Erste am Fahrstuhl. Und

dann, dann habe ich das Zimmer nicht mehr verlassen,
Hoffentlich ist es morgen wieder besser, ganz doll hoffentlich.

"Guten Morgen, geht es dir gut, ist alles ok?" Alle scheinen auf mich aufzupassen. Frühstück, Check-out, wir sind wirklich gut trainiert im Check-out. Geld tauschen. Auf zum Bus. Ein erstes Beobachten der Platzierungen, der Sitzplatzplatzierungen. Heute klappte es gut. Alle Paare sitzen zusammen, alle zufrieden, der Reiseführer Mohamed scheint eine Ansage gemacht zu haben. Schade eigentlich, der morgendliche Spaß fehlt, aber vielleicht wird es was anders geben.

Absoluter Luxusmorgen, erst 9:30 Uhr ging es los. Entspannt fuhren wir in eine römische Siedlung. Wo die überall waren. Im nördlichen Marokko war die südliche Begrenzung des Römischen Reiches. Die Ruinen ziemlich gut erhalten oder wieder hergerichtet. Die Sonne prallt auf den Kopf. Gut, dass ich gestern diesen gewöhnungsbedürftigen Strohhut gekauft habe. Vier Euro, so sieht er auch aus, getragen wird er mit stolz, viel stolz. Er erfüllt absolut seine

Funktion, auffallen und vor der Sommersonne schützen. Er wird wohl in Marokko bleiben, der Hut. Oder er wird später ein Lampenschirm. Das ist auch eine gute Idee.

Die römische Stadt, sie muss einfach traumschön gewesen sein, zu Lebzeiten der Erbauer. Mosaike in den Villen, Treffpunkte, Latrinen, dort verrichteten die schönen Reichen ihre Geschäfte. Sie verrichteten diese nicht nur, sondern besprachen die Selbigen, also die Geschäfte auch. Geschäfte wurden abgeschlossen. Daher kommt das Wort, die Wortgruppe "Geschäfte machen". Noch besser der Spruch "Geld stinkt nicht". Er kommt auch von dieser Zeit, aus dieser Zeit.

Das Gelände war so unendlich groß, es war, nein es ist. Man kann sich, ich kann mir vorstellen, wie das Leben dort früher gewesen sein muss. Mit all den Bequemlichkeiten. Am Ende dann ein Besuch des Cafés, für mich die nächste Cola, noch brauche ich sie. Ab in den Bus. Abfahrt. Nein, doch nicht, wir haben Mitreisende verloren. Warum auch nicht, es wäre ja sonst langweilig. Eine ältere Dame (für die Nichtinsider, eine Nichtjunggebliebene). Es hieß, die Gruppe bleibt zusammen. Die Älter, nichtjunggebliebene Dame, meinte für sie gelte das nicht. Sie hatte sich einen Schattenplatz gesucht und vergessen, zum

Bus zu gehen. Liebe Ruheständler, zwei Dinge merken, kein Ruhestandsbeige tragen und hören, was der Reiseführer sagt, oder ich.

Irgendwann wurde sie gefunden, der noch fehlende Mann auch. Bloß gut, alle vollzählig. Ich mag mir nicht vorstellen, wenn wir die Seniorin in Marokko verloren hätten. Schlagzeilen über Schlagzeilen und diverse Klischees wären bedient worden. Und nur, weil die Dame vergaß, zum Bus zu gehen.

Mittagspause. Eine kleine Stadt, niedlich, nicht für die Touristen gemacht. Tee und Fladen, waren unser ausreichendes Essen. Wir saßen vermutlich im besten Imbiss der Stadt. Fest mache ich es daran, dass die Einheimischen hier aßen. Irgendwie etwas aus vergorener Milch. Kosten konnte ich es nicht. Ich sage nur Darmprobleme.

Wir gingen weiter. Lotte wurde von hinten angesprochen. Sie wurde gefragt, ob sie mich verkaufen möchte. Für 20 Kamele, bitte, ich glaube, ich habe mich verhört. Frechheit nur zwanzig Kamele. Der Ägypter in unserer Reisegruppe sagte, ich müsse in Gold aufgewogen werden. Das ist wohl richtig. Hier in Marokko geht es nach Gewicht. Er meinte, seine Frau und auch Lotte brächten nicht so viel. Für die beiden gäbe es nur ein paar Ziegen. War auch nicht nett. Obwohl. Dann schon lieber in Gold.

Ja und dann war sie da, wir waren da, die Königstadt Meknes. Im 17. Jahrhundert war hier für 55 Jahre der Sitz der Könige. Eine 40 km lange Stadtmauer umschließt die Stadt. Wasser wurde in einem Becken gesammelt und den Bewohnern der Stadt zur Verfügung gestellt. Wir gehen in einen Lehmbau. Die Ausmaße sind riesig. Es ist ein Getreidespeicher.

Historiker haben wohl ausgerechnet, dass die damalige Bevölkerung zwanzig Jahre hätte von dem Inhalt des Baus leben können. Das nenne ich mal Vorsorge treffen.

Innen im Gebäude ein besonderes Klima, kühl, erfrischend.

Es geht weiter. Wir sind noch in der Stadt. Markttag für die Einheimischen. Auch dieser Markt erinnert etwas an einen Polenmarkt. Obwohl, bei genauer Betrachtung, einiges ist eher regional. Aber sonst? Viel Kram. Vielleicht sollte ich noch die Hennamalerinnen und die Töpfer erwähnen.

Einige Mitreisende waren müde, auf ins Hotel. Auf der Fahrt dorthin gab es noch etwas zu lernen. Karat kommt von Korate, den kernen des Johannesbrotbaumes. Dessen Kerne wiegen immer dasselbe. Also, ein Kern ein Karat oder so.

Die Gisela, meine Frau macht mich jeden Tag glücklich, sagt der Herr, der siebenundsiebzigjährige Herr, der beim Frühstück neben mir sitzt. So ein Satz im, einfach im Nebensatz formuliert, und mir geht das Herz auf. Nach zweiundfünfzig Jahren Ehe. So ein Satz einfach so gesagt, seine Frau sitzt mit großen Augen daneben, hört die Liebeserklärung und ist sprachlos. Ich auch. So war es beim Frühstück.
Das Geheimnis der beiden ist der ungebrochene Humor, lustig machen über sich selbst und über den anderen, ohne zu verletzen. Aber darum geht es ja heute nicht,
es geht um die, um unsere gemeinsame Reise.

Das Hotel war, ich möchte mal sagen, gewöhnungsbedürftig. Es verfügt über einen Pool, überdacht, drei mal drei, vielleicht vier mal vier Meter. Das Zimmer selbst wirkt kleiner. Eingecheckt, Sachen aus, Badesachen an. Staub, alles staubig, es fasst sich schon so an, die Sachen, die Haut, einfach alles. Und dazu kommt die Wärme.

Also ab in den Pool, ins Wasser, in die Erfrischung. Genuss pur, der Staub des Tages fällt ab. Raus aus dem Wasser, ins Badetuch gewickelt, ab in den Fahrstuhl. Und jetzt könnte die Geschichte fiktiv so weiter gehen: im Badehandtuch eingewickelt, in den Fahrstuhl, die Vier gedrückt. Der Fahrstuhl fährt auch in die vierte Etage. Die Zimmertür ist abgelehnt, das ist üblich, Lotte macht das so. Sie braucht dann nicht aufstehen. Also Tür auf, warum ist mein Bett leer? Warum ist es nicht bezogen? Wo sind meine Sachen, die ich doch auf das Bett gelegt habe? Ich überlege noch, in dem Moment schaut ein Kopf um die Ecke. "Besetzt." Oh mein Gott. Falsches Zimmer? Badehandtuch? Ich bekomme einen Lachflash. Noch mehr Lachflash. Kopfkino aus. Das Zimmer, das eigene Zimmer ist in der dritten Etage. Die Geschichte kann fiktiv sein, muss aber nicht. Und ehrlich gesagt, ist Sie auch nicht. Nur ich war nicht die Protagonistin. Es stellt sich im Nachgang nur die Frage, warum sitzt jemand bei offener Zimmertür auf seiner Toilette? Den Gedankengang verfolge ich nicht weiter.

Abendbrotzeit. Es gab Menü, Salat, Tajine und Obstsalat. Sehr lecker, obwohl der Salat durch den zugefügten Zucker getötet wurde. Dazu

Wein, Rotwein, geharzt, schwer. Zwei kleine Gläser und es wirkte. Aber Hallo.

Der Nachtschlaf war ohne Klimaanlage, diese war einfach zu laut. Dafür machten wir das Fenster auf. Freude über die Bahngeräusche. Unser Wecker klingelt, es ist 5:30 Uhr. Achtung, in Worten Fünfuhrdreißig. Abfahrt wird 7:15 Uhr sein. Es geht in den Atlas, in das Atlasgebirge. Wir waren pünktlich. Bei einer Aufstehzeit von 5:30 Uhr kein Wunder. Nur wir konnten nicht abfahren. Ein Herr, unser ältester Herr, weigert sich, einzusteigen. Das übliche Sitzplatzproblem. Die alleinreisenden Herren beanspruchen heute wieder Einzelplätze. Es ist nicht mehr lustig. Bevor wir uns auseinandersetzen konnten, setzte sich ein Paar auseinander. Morgen sind wir dran, mit dem Auseinandersetzen. Ja, und dann kann die Fahrt ja losgehen. Heute geht es hoch.
Busstopp auf 1600 Meter Höhe. Der Ort Ifrane. 1927 als Luftkurort im europäischem Baustil erbaut. Eine private Universität für die besten der Reichen, hier mal nicht mit dem Zusatz und Schönen. Es gibt für die Absolventen eine Arbeitsplatzgarantie nach Abschluss dieser Universität. Auch befinden sich hier Ferienwohnungen und Luft zum tief durchatmen.

Die Lungenflügel feiern richtig die frische Luft und ich musste beim Busstopp tatsächlich die Jacke anziehen.

Die Fahrt geht weiter durch Zedernwälder. Die Zeder ist geschützt und ein Ministerium gibt bekannt, in welchem Wald abgeholzt werden darf, auch welche Tiere gejagt werden dürfen, Wildschweine, Kaninchen und Hasen. Die Jäger kommen in der Regel aus Frankreich und Spanien. Für den gemeinen Marokkaner ist es schwieriger, eine Jagdlizenz zu erreichen, zu viele Erlaubnisse werden benötigt,
Raubtiere wurden in der französischen Zeit Marokkos sehr minimiert, vom Atlastiger gibt es noch ca. 20 Paare. Diese leben in Rabat. Allerdings gibt es Pläne die Tiger in ein Naturschutzgebiet im Atlas umzusiedeln.
Die Gegend um Ifrane ist im Winter mit Schnee bedeckt. Reiseführer Mohamed betonte das extra immer wieder. Also ist es etwas sehr Besonderes. Auch gibt es hier Skistationen. Bisher ist Marokko ja nicht durch besondere Leistungen in den Wintersportorten aufgefallen. Aber, was nicht ist, kann ja noch werden.

In den letzten Tagen waren immer wieder Esel als Transportmittel zu sehen, sie passen in den

Altstädten gut durch die engen Gassen, nehmen im Gebirge die Steigungen und sind gute Unterstützer der Menschen.

Apropos gestern. Ich sagte zu Reiseführer Mohamed "Mohamed, ich muss mal zur Toilette." Mohamed "Warum bist du nicht vorhin gegangen?" Ich: "Weil ich noch nicht musste" Mohamed "Ok, wenn du musst, sagst du mir Bescheid, wir finden dann eine Stelle." Ich: "Mohamed, ich möchte nicht an einer Stelle." Mohamed: "Ich meine, wir finden ein Café." Glück gehabt, Kopfkino an. Nein, das kann ich nicht aufschreiben. In dem Zusammenhang fällt mir ein, dass, als es mir die Tage so schlecht ging und ich meinte, hoffentlich finden wir eine Toilette, jemand sagte, "Wenn nicht, dann gibt es bestimmt genügend Gräben." "Ich wollte zur Toilette, nicht beerdigt werden." Das Gesicht von der Frau, unbezahlbar.

Die Wälder machen inzwischen einer kargen Steinlandschaft Platz. Es gibt Menschen, die meinen, es sähe aus, wie auf Fuerteventura, vielleicht ist es so, vielleicht nicht. Noch kann ich es nicht vergleichen.

Der Bus hält, eine Pause, raus, rein, weiter, in der Pause gute Gespräche.

Im Bus erzählt Reiseführer Mohamed über Nomaden und Halbnomaden. Halbnomaden sind Menschen, die in halbfertigen Siedlungen wohnen und dort nur ein halbes Jahr aufhalten. Das andere halbe Jahr sind sie mit ihren Tieren unterwegs, immer auf der Suche nach Wasser und Nahrung für sich und Ihre Tiere.

45 Prozent der Bevölkerung Marokkos arbeiten in der Landwirtschaft. Fischerei ist auf Platz drei. Vier Millionen Marokkaner leben im Ausland, so viel, wie im Großraum Berlin. Die im Ausland lebenden Marokkaner bilden einen echten Wirtschaftsfaktor. 3 Millionen kommen jedes Jahr zu Besuch in das Land zurück, zum Urlauben, nicht zum Bleiben.

Kanada ist aktuell das beliebteste Ausreiseland. Besonders die Region Quebec. Beschäftigung wird vorrangig in Krankenhäusern gefunden. Viele sind auch in den USA, bei der NASA beschäftigt. Sagt unser Reiseführer Mohamed. Er sollte es wissen.

Und wir, wir fahren durch den mittleren Atlas. Inzwischen auf einer Höhe von 2100 Metern angekommen. Auf einem Pass, er heißt Coldesate, Pass der Provision. Ich muss diese Information so hinnehmen. An diesem Pass gingen die Karawanen lang. Dieser Pass war auch eine Station zum Kaufen von Vorräten. Grundsätzlich finde ich diese Informationen spannend. Es ist Geschichte pur.

Ein kurzer Stopp. So eine Busreise lebt von ihren Stopps. Der fällige Toilettengang. Eine traumhafte Kasbah. Es war nur ein kleiner Stopp. Der Hof, die Räume, einfach schön, Orient pur. Der Duft, ach ja, den kann man leider nicht konservieren.

Die Fahrt durch das Gebirge, imposante Hänge alles eine Mischung aus Sepia und Braun.

In der Mittagsstunde eine weitere Raststätte. Wir sitzen im Garten und essen "Omelette Berber". Ei mit Tomate.

Irgendwie sieht es schon aus wie Wüste. Ist es noch nicht. Es war eine Schlucht, durch die wir fuhren. Ach schade, verschlafen. Aber richtig. Passiert. Wieder wach, es gab einen Fotostopp. Die Felsen hatten 43 grad und mehr. Kleine Jungs versuchen gefaltete Kamele zu verkaufen. Der Herr aus der Schweiz kaufte eins. Die Kinder, die kleinen Jungs taten ihm leid. Ich muss mal sagen, ein gutes Herz hat er, der Schweizer.

Hatte ich bereits berichtet, dass die heutige Reisestrecke 400 km beträgt? Es ist eine Mammutstrecke. Nur um von A nach B zu kommen. Durch traumhafte Kulissen. Ich glaube, allein ginge das nicht. So ohne Reiseführer und Busfahrer.

Auf unserer Reise gibt es keine echte Kleiderordnung. Gleichwohl, unsere Ruheständler tragen das angesagte Ruhestandsbeige. Ein Cremebeige, welches sehr schön gedeckt ist. Wir Jüngeren sind heute in Knallfarben unterwegs. Lotte in Türkis und ich, kaum zu glauben, pink und weiß.

Rechts und links sind die ersten Sanddünen zu sehen, Wüste ich komme, Sahara da bin ich.

Reiseführer Mohamed erläutert, dass die Straßen besonders vor Sand geschützt werden sollen. Die Dünen sind Wanderdünen,

Und jetzt ist Marokko, wie ich es mir vorgestellt habe. Das sage ich jetzt, denn eigentlich wusste ich gar nicht, dass ich es mir so vorgestellt habe.

Häuser, Lehmhäuser, die Straßen aus Sand viel Staub, sehr staubig.

Es ist heiß. Die Luft flirrt herum. Wir sehen Palmen, kräftige Palmen, Dattelpalmen.

Leider bekommen wir keinen Fotostopp. Irgendwer prägte den Begriff "Japanieren". Fotostopp heißt auch Japanieren. Ich konnte nicht aufhören zu lachen, Japanieren.

Und dann stand es da, unser Hotel, schon etwas älter, Orientalshabby. Wieder eine Begrüßung mit Tee. Die Zimmerschlüssel werden überreicht. Durch eine tolle Lobby geht es, über einen zauberhaften Innenhof mit Pool, mit Bäumen, in denen Vögel zwitschern, mit Sitzgelegenheiten und einem Berberzelt zu unserem Zimmer. Vor dem Zimmerfenster ein Jasminstrauch. Ein unglaublich schöner Duft. Das Zimmer leicht grün. Keine Zeit, es sofort zu genießen. In zwanzig Minuten geht es los, los zum nächsten Abenteuer. Wüste, wir kommen, wir sind auf dem Weg.

Der Ausflug geht los, pünktlich, ich versteh nicht, wie wir das schaffen konnten, innerhalb von zwei, ich meine zwanzig Minuten das Zimmer in Besitz zu nehmen. Den Toilettengang zu absolvieren. Uns frisch zumachen. Etwas anderes anziehen und im Auto sitzen. Wir haben es geschafft, am Pool vorbei. Eine Mitreisende lag tatsächlich schon im Wasser, sie winkte uns total glücklich zu, in dem Moment kam ein Zweifel auf. War das tatsächlich die richtige Entscheidung, in die Wüste zu gehen? Wäre es nicht netter gewesen, am Pool zu entspannen? Egal jetzt, der Ausflug ist gekauft und nun wird er gemacht.

Im Auto, eingeklemmt zwischen Reiseführer Mohamed und einem Mitreisenden. Der Fahrer und ein weiterer Reisender vor mir. Hinter mir Lotte und die Partnerin des Mannes. Die Fahrt wird wilder, sie geht ab von der Piste. Quer rein in die karge Landschaft. Ein holpern, vorbei an einem einzelnen Baum, durch ein Flussbett. Der Sand schimmert feucht. Hier war Wasser, irgendwann hatte es geregnet. Irgendwann vor ein paar Tagen. Später werden wir sehen, dass Wasser auch in Leitungen durch den Wüstensand am Wüstenrand geführt wird.

Wir sind das Leitfahrzeug. Hinter uns fahren noch vier oder fünf weitere Fahrzeuge.

Am Lagerplatz angekommen, an dem Platz, wo wir unsere Wüstentour beginnen werden. Mir kommt die Geschichte mit den zwanzig Kamelen in den Sinn,

Ein Treiber wird uns zugeteilt, unsere Kamele auch.

Kurz gab es eine Irritation, wir dachten, wir sollten zu zweit auf ein Kamel, richtiger Dromedar, das hätte ich ehrlich doof gefunden. Glück gehabt, es war eine wirkliche Irritation, jeder bekam sein eigenes Kamel.

Aufsitzen, das aufstehen klappte besser als erwartet und festhalten. Fotos mit dem Handy, grenzwertig. Handy erst mal in den BH gestopft und weiter festgehalten, mit beiden Händen, das geht schon besser. Unter mir das Tier und ich oben auf. Bestandteil einer uralten Tradition, der Tradition der Karawanen, der Karawanserei, so, oder so ähnlich kann es vor schon vor Urzeiten gewesen sein, und es hat sich seit her kaum verändert. Das Zusammenspiel von Mensch und Tier. Wollte ich mit dem Kamel jetzt nach Deutschland durchbrennen, bräuchten wir zwei etwa acht Monate, vorausgesetzt, wir verlaufen uns nicht. Wir brennen besser nicht durch.

Auf dem Kamm, vielleicht heißt es auch nicht Kamm, angekommen, dem Kamm der Düne, Dünenkamm, heißt es für uns absitzen. Kamel und ich haben auch das gut hinbekommen. Schuhe aus und mit den nackten Füßen in den warmen Wüstensand. Das Gefühl ist unbeschreiblich, das einsinken im warmen Sand, die kleinen, warmen Körnchen, wie sie meinen Fuß umfassen. Ein kleines bisschen gibt die Erde nach. Ein bisschen kitzeln und kribbeln.

Der Ausblick, Sand, Sand und Sand. Einige Rottöne, rotorange, gelbrot, die Sinne meine Sinne sind angeregt. Ich hätte gern eine Yogastunde in der Wüste, aber nur mit leichten Einsteigerübungen. Bei dem Klima, in dem Umfeld. Es muss großartig sein. Das Problem, keiner kann richtig anleiten. Keiner kann den

Sonnengruß aus dem Kopf. Keiner kann die Abfolge, warum haben wir bei den Mitreisenden keine Yogalehrerin oder Yogalehrer dabei?

Das hätte das Erlebnis nachhaltig getoppt.

Das Wetter meinte es gut mit uns, es, das Wetter, schickte uns einen Sandsturm, winzige kleine Nadeln, gerade so, das es als Europäer aushaltbar war. Ein weiteres besonders Erlebnis. Gekauft haben wir Sonnenuntergang. Bekommen, ja bekommen haben wir ein ganz besonderes Erlebnis. Sonnenuntergang kann schließlich jeder.

Zurück, schnell auf die Kamele, es wurde schon dunkel, zwei Wassertropfen, der Wind ließ etwas nach. Wir wurden getrennt, jeder Gast einem einzelnen Treiber zugeteilt. Am Sammelplatz angekommen, wurde klar warum. Die Treiber versuchten Fossilien und fossile Produkte zu verkaufen.

Ehrlich gesagt, ich war enttäuscht und etwas traurig, traurig darüber, das meine Stimmung, mein Nachhall dieses Ausflugs so abrupt beendet wurde. Ich fand es einfach schade, andere auch.

Zurück zu unserem Auto, ein fremder Mitfahrer liegt dort, ihm ist schlecht. Alles zusammen und besonders schlimm. Viel mehr konnte er nicht mehr sagen, außer, sein Bauch sei kurz vorm

Platzen. Mein großer, großer Wunsch, er soll nicht im Auto platzen.

Die Rückfahrt ging schnell, über die Straße, in unser wunderbares Hotel. Das Essen, es ist ok. Wir gehen noch auf einen Drink an den Pool.

Mit allen anderen Anwesenden haben wir Schlachtpläne für die Sitzplatzverteilung im Bus geschmiedet. Wir haben herzlich gelacht. Das Leben ist schön. Im Zimmer, in unserem Zimmer ist eine Motte. Egal.

Gute Nacht,

Lotte fängt die Motte und sagt zu mir, "Dein Bett quietscht" "Lotte, ich repariere es morgen, jetzt ist es dunkel." Und gleich bin ich eingeschlafen, träume von Motten, platzenden Bäuchen und kleinen Pfeilen.

Morgens, am nächsten Tag.

Frühstück eher überraschungslos. Der Kampf um die Plätze im Bus, heute kein Thema. Alle alleinreisenden Herren setzten sich zusammen. Ehrlich, ich hab mich gefreut, es Ihnen auch gesagt. Die Antwort: "Das ist nur für heute, weil wir nicht so lange fahren, morgen geht das wieder anders." Egal erst mal ist heute und morgen ist morgen.

Der erste Stopp genutzt zum Geldtausch und Getränkekauf. Wir müssen unseren Vorrat in der Hutablage, wer trägt heute noch Hut und braucht diese Ablage? Also, wir müssen unsere Vorräte in der Hutablage auffüllen. Machen wir. Geld haben wir noch.

Einer Dame wird schlecht. Wir haben das wieder hinbekommen mit ihr. Zweiter Stopp eine Fossilenfabrik. Wir schauen uns gleich alles an. Ein Herr sagt, er bleibt im Bus. Als wir wieder zum Bus kommen, fällt er um, nicht der Bus, der Herr. Sein Bauch ist geplatzt. Das ist eher sinnbildlich zu betrachten. Er hat Dinge, die ich nicht weiter beschreiben möchte aus Körperöffnungen verloren. Ein Arzt aus unserer Gruppe hilft sofort. Reiseführer Mohamed organisiert einen Arztbesuch. Unser Kofferträger putzt den Bus. Wir anderen fahren in ein Café, um zu warten, bis unsere Reise weiter gehen kann. Ich mache einen auf Seniorin, bin die Erste aus dem Bus und sichere uns Schattenplätze. Mit Senioren reisen trainiert. Ich werde mal eine gute Seniorin, schnell und rücksichtslos.

Die Busfahrt selber geht heute quer durch die Halbwüste. Da die Einzelreisenden Herren zusammen sitzen, gibt es eine freie Bank, meine, MEINE, meine Bank.

Mittagsstopp, eine Kasbah? Vielleicht. Sehr schön, opulent gestaltet. Unser zweites Essen aus dem zugekauften Essenspaket. Ich hatte extra beim Kauf gefragt, ob es vegetarische Varianten gibt. Die Antwort war: "Ja, das machen wir, kein Problem." Es gab ein Problem. Das Problem heute war dann, dass das Essen aufgetragen wurde. Für die Vegetarierin nur die Beilagen blieben. Beilagen, welche auch in Fleischbrühe gekocht wurden.

Wo ist mein Veggieessen. Ich bin verärgert, sehr verärgert, vermutlich ist Marokko noch nicht so weit, noch nicht bereit für die Veggieinvasion.

Wieder im Bus, stundenlanges Fahren. Lange Stunden. Die Aussicht ändert sich fast nicht. Ockerfarbene Erde, Steine und Bäume, die so aussehen, als würden direkt Tiere durchlaufen. Das passiert nicht, keine Elefanten, keine Giraffen, und auch sonst nichts, nicht mal Esel, Steine, Berge und Bäume.

Auf einmal sind wir da, in der Stadt, Zagora, mitten in der Wüste, ein Palast aus, nicht ganz aus tausend und einer Nacht, ein Palast mit großen Räumen, zum Wohnen, ist heute unsere Ruhestätte.

Der Pool ist auch da, er ruft, komm, komm, ich geh hin.

Der Pool, zum Verweilen eingeladen, ausgeruht. Schwimmen, Lesen, Ruhe, genossen, wirklich genossen, das Hotel es wirkte gewachsen, nicht aus dem Boden gestampft, gewachsen, langsam alt geworden,

Der Gang in den Pool bescherte Erholung,

Zum Abendessen, eine gute Auswahl, alle kamen auf ihre Kosten, danach. Die Suche nach dem W-LAN, nach dem, welches stark genug ist, eine Geschichte zu veröffentlichen,

Über den einen Kanal funktionierte es, der andere ließ mich im Stich, irgendwann, irgendwie habe ich die Suche aufgegeben,

Gemütliches zusammensitzen ohne W-LAN, auch schön,

Auf einmal die Idee, unser Bus wird getauft, er soll, so wie die ICE einen Städtenamen bekommen, Darmstadt, Darmstadt passt. Ein weiterer Mitreisender, einer meiner Lieblingsmitreisenden wurde erwischt. Inzwischen glaube ich ja an einen Virus, den aggressiven, schnellverbreitenden Darmvirus. Jeder gibt jedem im Bus Tabletten, ich verteile Elektrolyte, und Magnesium, ich weiß nicht, inwieweit die helfen, aber Schäden werden sie auch nicht anrichten, nur langsam werden sie knapp, seit unser Arzt im Bus geoutet wurde, hat er gutzutun, dabei ist er Urlauber wie wir, hilft trotzdem, Menschenpflicht,

Von Zagora bis Timbuktu in 52 Tagen, genau so weit ist es, allerdings mit einer Karawane, diese Aussage wird immer und immer wieder beworben, ein Thema für eine Reise, später, wenn ich dann als fitte Ruheständlerin Zeit und Geld habe,

heute geht es durch die Palmenhaine, mit einem Stopp für einen Spaziergang, etwa zwei Kilometer, einen Weg, durch Matsch. Vorbei an Dattelpalmen, Luzern und Mais als Futterpflanzen, wir im Trott, der Herr vom Frühstückstisch fasst seine Gisela an, eine andere Mitreisende sagt, vergesse deine Illusionen, sie halten sich fest, weil sie alleine nicht mehr trittsicher sind, ich will das nicht glauben, bitte lasst es nicht wahr sein,

Mittagspause in einem Café, Cola gab es nicht, aber Limo und ein Milchkaffee. Die Temperatur ist auf etwa vierzig Grad gestiegen, vielleicht auch nur auf sechsunddreißig, im Hochsommer kann es bis zu vierundfünfzig Grad warm werden, gut, dass der vorbei ist.

Vormittags waren wir in einer Bibliothek, es gibt dort Handschriften auf Gazellenpapier in Gold geschrieben, ein Koran, der Koran ist auch Nahrung für die Seele, und das glaube ich auch, sowie für Andersgläubige Ihre Schriften Nahrung für die Seele sind.

Auf der Fahrt dorthin, zu der Bibliothek, erzählte Reiseführer Mohamed von den Toten der Marokkaner, er berichtete zum Beispiel, dass in einem Grab immer nur eine Person beerdigt wird, dass jede Leiche angeschaut wird, warum sie tot ist, dass sie nach drei Tagen in einem weißen Tuch beerdigt werden, und die Friedhöfe in staatlicher Hand sind. Eine Beisetzung kostet dreißig bis vierzig Euro. Als nächstes Thema sprach er das Thema Recycling an, wie passend.

Richtig klasse ist, dass es seit Anfang dieses Jahres in Marokko keine Plastetüten mehr gibt. Vorreiter, anders ist es nicht zu sagen, im Thema Recycling sind die Marokkaner allerdings etwas hinter her, eine große Anlage in Casablanca und das war's für dieses Riesenland. Müllabfuhr wird staatlich organisiert, spanische und französische Gesellschaften haben das Gebiet unter sich aufgeteilt, organische Abfälle werden beerdigt. Beerdigt, und nach Jahren als Brennstoffe weiter verwendet,

Im Pilgerort Tamegroute, dort, wo die Bibliothek war, durften wir durch ein Ksar, ein befestigtes Dorf, gehen, eine Siedlung, bis auf einige Lichtschächte vollkommen überdacht. Enge

Straßen, aus Lehm, alles nach innengerichtet, ein gutes Wohnklima, wohl temperiert.

Und, tatsächlich, es roch nicht unangenehm, obwohl es nicht wirklich sauber wirkte, die Menschen haben so viel damit zu tun, ihren Lebensunterhalt zu sichern, dass die Sauberkeit zweitrangig ist, vermutlich sind die Menschen dadurch abgehärteter.

Die Fahrt, erst durch Palmenhaine und dann wieder in die karge Bergwelt, durch Siedlungen, Und dann auf einmal, eine Serpentine, rechts ein Abhang, links ein Anstieg, alles Steine, vielleicht 5200 Meter hoch, kaum Vegetation. Hochgebirge? Ich weiß es nicht, wo soll ich zuerst hinschauen, hoffentlich bleiben alle auf ihren Plätzen. Hoffentlich kommt der Bus nicht ins Schlingern, hoffentlich gibt es morgen keine Schlagzeile, "Deutsche im Atlas vermisst". Eine Reisegruppe stürzte im Atlasgebirge in eine Schlucht und ist darin verschwunden. Hoffentlich nicht, so wie hier muss es auf dem Mond aussehen, Platzwechsel, Lotte und ich müssen die Plätze tauschen. Der Abgrund ist tief und ich bin tapfer.

Schutzengel ist da, er schützt sie, die Mitreisenden, die nicht so gut mit dem Höhenunterschied umgehen können, er schützt vor dem schlechtwerden, vor dem

Gleichgewichtsverlust. Vor schlechtem Ohmen, davor, dass wir nicht in oder schlimmer noch, über die Leitplanke fahren und vor allem davor, dass die, die nicht des Achterbahnfahrens mächtig ist mir in den Hut ... Das Wort schreibe ich nicht.

Die Fahrt wird ruhiger, wir kommen in einer Stadt an, einer Stadt mit dem Namen Quarzazate, so wie es dort steht, so wird sie, die Stadt nicht ausgesprochen. Sie ist das Hollywood, oder das Babelsberg Marokkos, Alexander der Große, Ben Hur oder auch Laurenz von Arabien wurden hier gedreht, zwei große alte Kasbahs prägen das Bild des Ortes, die Kulissen der großen Filme.

Unser Hotel, anders als gestern, schön, anders schön. Große Lobby, tiefe Sofas, die Zimmer, wie zweistöckige Gartenhäuser um einen Pool angeordnet. Ein Teil der Gruppe trifft sich am und im Pool, nass und kalt. Erfrischend.

Wir werten ein Ereignis aus, davon später mehr.

Es hat geknallt, es ist unverständlich, erwachsene Leute benehmen sich im Kindergarten, schlimmer, furchtbarer. Ohne

Rücksicht auf andere, was will ich für eine Geschichte erzählen,

Der Unsympath vom ersten Tag entpuppte sich inzwischen als netter Typ, nun gibt es ja zwei Möglichkeiten, die erste, ich bin nett und Leiste still Abbitte, die zweite, ich entschuldige mich offiziell, aktuell tendiere ich zu Variante eins, später ist zu lesen, dass es doch Variante zwei wird,

Das Hotel, prima, sauber, die Übernahme der Koffer, man muss sich vorstellen, Unmengen von Gepäckstücken, wir warten auf die Schlüssel, auf einmal wird es laut, ich kann nicht lokalisieren, wo es her kommt.

Ein Blick, ich springe nach vorn, ein Herr, ein Herr, der durch extrem ambivalentes Verhalten auffällt, mal sehr nett, mal beschimpft er die Seniorinnen, stürzt auf eine Mitreisende zu, es wird laut, ehrlich gesagt, ich habe Angst, dass es zu Handgreiflichkeiten kommt, der Herr sah so aus, als wenn er der Dame, die gerade im besten Berliner Dialekt sagt "Einfach mal reden wäre auch gut gewesen," oder so ähnlich, also für Berliner Verhältnisse nett, für den Rest der Welt ok, und der Herr, später stellte sich heraus, er wollte zu seinem Koffer und hat die Reisende "geteckelt" wie der Footballer sagen würde, also angerempelt, nicht mit Absicht, das möchte ich nicht unterstellen, aber es war zu erkennen, dass er ohne Berührung nicht durchkommen würde, der Spruch von der Reisenden "man hätte auch mal was sagen können", und er "dann geh doch aus dem Weg". Wie sollte sie ihn sehen? Sie hat hinten keine Augen. Jedenfalls es wird laut, der Herr, ich hatte wirklich den Eindruck, er möchte zuschlagen, also bin ich dazwischen und hab die Reisende rausgeschoben, aus der Gefahrenzone, meinte ich, tief Luft holen, tief in den Bauchraum und ein dreifaches Ohm, es ging wieder, zwischenzeitlich ist ein Herr, der, den seine Gisela täglich glücklich macht zu dem Herrn gegangen und sagt, das das nicht ok ist und sein Auftreten keinem in der Gruppe gefällt, Hut ab.

Ins Zimmer, Badesachen angezogen, zweite im Pool, er, der Pool war eiskalt, ich meine 16 Grad, die Mitbadenden sind da weniger empfindlich und tippen auf zwanzig, ich hab nachgegeben, raus aus dem Wasser und wir besprechen das Ereignis von eben, irgendwie bekommt keiner eine logische Erklärung hin, später, sehr viel später am Abend gibt es eine Idee,
Frisch geduscht und hübsch gemacht, zum Abendessen, es gibt einen tollen Couscous, auf den Punkt gegart, mit Aprikosen, Backpflaumen,

Rosinen und, ich sage mal karamellisierte Zwiebeln, ein Gedicht, nach dem Matschsalat, nein noch vor dem Matschsalat, das beste, was ich hier gegessen habe,

Am Tisch ein älteres, liebenswertes Paar, die Mitreisende, die in der Lobby angegriffen wurde und ich, wir essen, wir plaudern, der Herr aus der Lobby kommt angeschlendert, hat ein Glas in der Hand, das Paar und ich denken, wow, er will sich entschuldigen, mal sehen, was die Reisende macht, wie sie reagiert, und ich denke noch vor mich hin, " hier damit du dich abkühlst," und der Herr kippt der Reisenden, es ist kaum zu glauben, unglaublich, ein Glas Wasser über den Kopf, ich dachte, ich sehe nicht richtig, die Reisende springt auf "Dich hackt's wohl." Was er sagt, verstehe ich nicht, instinktiv bin ich wieder dazwischen, die Reisende, geht aufs Zimmer, zieht sich um und kommt wieder, lächelt und sagt laut vernehmlich "das ist unter meinem Niveau".

Am Tisch in der Zwischenzeit, der Herr ist sauer und kann sich kaum beruhigen. Mir selbst schnürt es den Magen zu, ich gehe zu dem Tisch, an dem der Herr sitzt "Ich finde das richtig Schei..." Er grinst mich nur dreckig an, als die Reisende wieder kommt, fange ich an, zu heulen, so eine Anspannung, es dauert, bis diese abfällt, nach dem Abendessen, ab in die Bar. Wir sitzen noch eine Weile mit einigen bei einer Flasche Weißwein, langsam fahre ich runter. Danach in die Lobby, hier gibt es W-LAN, ins Sofa kuscheln und reden. Reden über, ich sag es mal nett, über die Taufe, also reden über die Taufe, ja, die Wassererfrischung ist jetzt die Taufe,

Und hier entsteht die Theorie, "ein Virus geht um, der Aggressionen verstärkt und Menschen zu Zombies werden lässt."

Ins Bett, noch mal das Geschehene überdacht und besprochen, etwas weggenickt und wach war ich, immer und immer wieder, die Überlegungen, es gab keine Ruhe, ich kam nicht zur Ruhe. Schade an der ganzen Sache ist, die Leichtigkeit des Reisens ist hin, meine Leichtigkeit des Reisens ist vorbei.

Der Ausflug geht los, am Rand vom Höhenatlas entlang, dieser teilt Marokko in zwei Teile, Nord und Südmarokko dieser Höhenzug geht bis Agadir, aber wo fängt er an?

Unsere Ausgangsstadt Quarzazate ist auch das Tor zur Wüste,

Die Gegend hier sieht wirklich so aus, wie mein Marokko aussehen soll, viel rotbraun, lehmfarbend etwas grün, blauer Himmel,

Das größte Solarkraftwerk der Welt, Noar ist der Name, auf Deutsch Licht, liegt 2500 m über den Meeresspiegel, sechzehn Stunden Sonne versorgen die Kollektoren. Rechts weit hinten, Schnee, ein Bergzug über 4000 m hoch mit Schnee bedeckt in Marokko, eine Vorstellung, die schon schwer ist. Reiseführer Mohamed redet weiter über Energien und ich, ich bin ausgestiegen. Ausgestiegen, gedanklich ausgestiegen, ich kann Reiseführer Mohamed nicht mehr folgen aber, irgendwie ist das alles sehr innovativ, nur kann ich es weder verstehen, noch behalten, noch aufschreiben, was er versucht uns nah zu bringen, auf jeden Fall bringt es das Land weiter in die Unabhängigkeit. Es gab Zeiten, da wurde der Strom aus Spanien über Freileitungen ins Land gebracht,

Die Fahrt geht weiter, fahren die Straße der 1000 Kasbahs. Kasbah kommt von Kasaba, das bedeutet Schilf, die Dächer sind aus Schilf und Lehm, nach der Regenzeit muss restauriert werden, manche Marokkaner mögen das nicht mehr, bauen mit modernen Baustoffen, wobei ich persönlich Lehm und Schilf ziemlich modern finde. Es sind tatsächlich rechts und links Kasbahs zu sehen, einige verfallen, wobei ich glaube, dass es kein Problem gibt, so rein umwelttechnisch gesehen, es wird wieder zu Erde und dann zu Staub.

Stopp in einem Laden, Verkauf von Produkten aus Rosenwasser, ein Foto der aktuellen Rosenkönigin, sie ziert Seifenschachteln, Fläschen und Dosen, ich mag den Duft, er ist nicht zu aufregend. Ein Reisender sagt "was magst du?" "Ich hätte beinah gesagt dich, aber ich meine den Rosenduft," Er: "Schade", ich glaube, ich hab's dann wieder hinbekommen, "Dich mag ich auch, aber es ging eben um den Duft." Werde ich angeflirtet?

In der Wartezeit auf die Weiterfahrt habe ich dann Abbitte geleistet, Abbitte bei dem Herrn, den ich als Unsympath bezeichnet habe, hätte ich auch lassen können, aber meine Seele ist zumindest in dem Punkt frei. Die Stadt, in der die Pause gemacht wurde, trägt den Namen "Stadt der Steine".

In dieser Stadt wird Rosenanbau zur Herstellung von Rosenöl und Rosenwasser betrieben, genutzt dazu wird die rosa Damaskinerrose, sie wächst als Feldbegrenzung, Erntezeit ist im Mai und Juni, dann lebt die Umgebung in Rosa, und im Duft, schön, sehr schön.

Die Fahrt geht weiter, eine Stadt zwischen den beiden Atlaszügen, diese Stadt, sie bekommt ihr Wasser aus dem Atlasgebirge, es, das Wasser wird genutzt, um die Felder und Palmenhaine zu wässern, Resultat, das grünste Grün auf der Reise,

auf dem Platz des Fotostopps verkaufen Marokkaner Tücher, in einem zauberhaften Blau. Das Blau leuchtet mit dem Himmel um die Wette, es strahlt.

Die Fahrt geht weiter, rechts und links sind Berge, von irgendwo eine Stimme "Was sagst du als schweizer Fachmann dazu, sind das Berge ?" Der Herr aus der Schweiz antwortet mit einem klaren "Nein" und lächelt nett.

Und endlich die Schlucht, die Schlucht, wegen der dieser Ausflug organisiert wurde,

die Wände gehen ziemlich gerade, fast steil hoch. Rechts ein kleiner Fluss, Bach. Der Spaziergang, nett, aber nicht das, was ich erwartete, meine Erwartung, die Schlucht, enger, keine Straße und viel, viel weniger Besucher, ein bisschen so, wie in der Türkei, in der, "ich hab's vergessen" Schlucht. Bewundernswert, wie die Einheimischen ihre Häuser in die Berge bauen, wie eng an die massive Wand, so als ob sie Angst haben, dass ein Bergrutsch ihre Häuser unter sich begraben wird. Wohl eher nicht, sonst hätten sie die Häuser nicht an diese Stelle gebaut.

Mittagspause, diesmal clever, keine Eierspeise, Oliven und Brot, dazu eine Cola, meine Stimmung, ok, aber nicht übertrieben, Rückfahrt zum Hotel, heute gab, gibt es keinen Umzug, noch eine Nacht in diesem Hotel schlafen, sehr schön.

Nochmal zurück zu der Taufe,

es haben einige Leute versucht heraus zu bekommen, warum der Herr das gestern gemacht hat, er ist der Auffassung richtig gehandelt zu haben, die Reisende bedurfte einer Abkühlung, ich verstehe es nicht, wirklich nicht.

Das Hotel, einige Bedenken, das Hotel der ersten Nacht, ich erinnere mich noch mit Grauen daran, das ist das Hotel, welches so ungepflegt war, in dem das Essen, das Nachtessen so furchtbar war und der Kellner so grausig war, also bedenken,

der Bus fährt auf der Geraden ein, Stopp, Koffer raus, Gewusel an der Lobby, Heike, das bin ich, steht als erste auf der Liste, der Liste für die Doppelzimmer, nur werde ich kaum die Erste im

Zimmer sein, der Fahrstuhl ist verstopft, und wird es noch eine lange Zeit bleiben,

max. vier Personen und zwei Koffer passen in die Kabine, es dauert, nur es stört nicht, Lotte gehört inzwischen auch zur Gruppe Darmstadt, beim letzten Busstopp sagt sie noch "Ich bin die einzige die noch ok ist." Mit dieser Aussage holte sie sich punktgenau Darmstadt in ihren Körper, schon während der Fahrt "Hast du die Medikamente in Handgepäck?" Oh jeh, mir schwante Schlimmes.

Um es vorwegzunehmen, es wurde schlimmer,

Als Erste den Schlüssel für die Doppelzimmer,

Warten in der Lobby, der Fahrstuhl fährt, unsere Koffer und ich, wie stehen weiter vor der Fahrstuhltür, die andere Kofferbesitzerin fehlt weiter,

"Soll ich eure Koffer mit nehmen?" Die Frage eines Mitreisenden, irgendwie ist diese Reisegruppe schon toll, jeder achtet auf jeden, trotz der Sitzplatzkämpfe, also der Herr mit 4 Koffern im Fahrstuhl, ich warte weiter, "Oh wo ist denn mein Koffer?" Die Frage kann ich den Herrn beantworten, aufgepasst, nun ist er auch weg, ich warte weiter. Mein Handy ist alle, die andere Kofferbesitzerin kommt, Fahrstuhl, da ist er, hoch, wir schaffen es gerade noch ins

Zimmer, mit Unterstützung, Toilettentür auf, reingeschoben, Koffer vom Gang geholt,

und dann fing er an, der Abend als Alleinreisende.

Allein in den Pool. "Ach dann bleib ich noch etwas hier." Das war schon nett, etwas geplaudert, manchmal glaube ich ja, ich bin etwas langweilig, aber wohl doch nicht, irgendwann dann Runden im Pool, unter Beobachtung, wie später berichtet wurde, bloß gut, dass der Badeanzug sitzt,

Duschen und fertig für den Besuch des Gauklerplatzes,

Und was hatte ich an, ich muss es erwähnen, da ich überrascht war, wie gut ein 15, fünfzehn Jahre altes Kleid ankommt,. ein langes, Seniorenbeiges Leinenkleid,

Es ging auf den Gauklerplatz, ein Platz, der bis auf zwei Tage im Jahr sich in den Abendstunden in ein Freilichtspektakel verwandelt,

Den Mittelpunkt bilden Garküchen, jeder Koch versucht seine Speisen anzupreisen. "Hy, Schwester, was geht ab?" Eine Ansprache, "Ey, Alter" meine Antwort.

Ein Gewusel, riechen und schauen, nicht schmecken, es ist schon schwierig, nicht zu essen, zumal jeder, wirklich jeder versucht, dich zu animieren zuzugreifen. Eine Reisende erzählte, dass sie sich hat überzeugen lassen Kleinigkeiten zu essen, am Ende war sie 20 Euro los,

Neben den Essensständen gibt es Teestände, da war es dann soweit, der Tee musste sein, würzig, heiß mit zunehmender Abkühlung des Tees wurde er schärfer, um am Ende eine scharfe Würzigkeit zu erreichen, und einen Schweißausbruch vom allerfeinsten, das Leben auf dem Platz, es hat mich geflasht, mittendrin, in dem, zugegeben, auch für Touristen arrangierten, bunten, lauten Leben. Kleine Äffchen, vielleicht Rhesusaffen werden für Spassfotos mit Touristen missbraucht, das ärgert mich schon, aber hier ist eine andere Welt, die Menschen haben ein anderes Verhältnis zum Tier, und letztendlich steht es mir nicht zu, darüber zu richten, aber oll ist es schon.

Schwierig ist auch die Geschichte der Katzen, Massen, und viele davon sind krank, gehört aber hier her. Irgendwie.

Der große Marrakechtag, ein Gang durch die Souks, davor zu einer Moschee, ich hab Vergessen welche, sicher eine für Marokko von nationaler Bedeutung. Sie wird neu aufgebaut und rekonstruiert. Auf dem Weg dorthin, ein Gang durch einen Park mit Erklärungsstopp in einem Pavillon. Unbedingt muss ich den Himmel über der Stadt erwähnen, dass blaueste blau, traumschön. Vor dem Park steht ein Schild, ein Verbotsschild für Fahrräder. Das bedeutet, die Fahrradfahrer sind nicht durch den Park gefahren, aber die Mopedfahrer. Diese stehen nicht auf dem Verbotsschild. Also wichtig, zu merken, alles, was nicht auf dem Schild steht, ist erlaubt.

Zurück zum Bus, der nächste Stopp erfolgt. Ein Gang durch die Altstadt, vorbei an Stadthäusern mit Garten (Riad) und Stadthäusern ohne Garten (Dar) bis hin zum Palast des Großwesirs, Bahiapalast, ein großes Riad mit zwei Gärten und Springbrunnen, irgendwann gebaut, um die Könige in die Stadt zu locken, es muss geklappt haben. Wir sehen viel blau-weiß, Mosaike, Pflanzen, weitläufig, außer mir, außer uns noch gefühlte 1000 andere Touristen,

Von dort der Gang zum Mittag, Gericht drei des Essenabos, es gab, Couscous mit Möhre und Zucchini, zum Abend wird es das dann auch geben.

Nach dem Essen, ein Rundgang durch die Souks. Erstaunlich, es ist keiner abhandengekommen, die Souks waren die besten auf der Reise, viel authentisches Zeug, wobei nicht sicher sein kann, dass es wirklich authentisch ist, zumal ich keine Ahnung habe, was echt und was unecht ist. Aber schön war es wirklich.

Die aktive Pause, Besuch einer Verkaufsveranstaltung, Kräuter, Kosmetik, und Massage, wir hatten Spaß.

Freizeit, noch mal über den Platz, den Gauklerplatz bei Tag. Ich hab mich an zwei Mitreisende angehängt, ein Test für einen zukünftigen Alleinreisendstatus. Ein Terrassencafé rief, "Komm hoch, der Blick über den Platz unbezahlbar", die Cola musste gezahlt werden, zwei fünfzig, die hatte ich nicht mehr. Schade. Ich war etwas traurig, der schöne Blick auf den Platz. Mein Blick muss wohl einen Mitreisenden erweicht haben. Ich hatte dann die Cola. Zurück zum Hotel, die kranke Lotte ist wieder halbwegs fit. Ab in den Pool, Wassergymnastik und gute Gespräche. Ein toller Tag.

Da war er dann, der vorletzte Abend. Am Pool versammelte sich ein ganzer Teil der Reisegruppe, das junge Paar, welches unseren Altersdurchschnitt enorm drückte, die Brüder, die einen netten Eindruck hinterlassen, die Frau, von dem Paar, welches so selten einen gemeinsamem Sitzplatz, im Bus, finden konnte, das Paar aus der Landeshauptstadt Sachsens,

Dresden, wo er mir tatsächlich, im wahrsten Sinne des Wortes, auf die Füße getreten ist, noch mal ein aua dafür, die Frau des Herren, der viel von sich erzählte, irgendwie fanden das die anderen und die ältere Dame, die vier Wochen vor der "Wende" noch aus der DDR ausreiste. Der Pool zog viele an, wir waren platt von dem lauten, heißen, staubigen, wunderbaren Marrakech. Marrakech, die Stadt, die es wert ist, wieder besucht zu werden, etwas länger, unbedingt etwas länger, nicht nur die paar Stunden.

Abendessen, es gab als vegetarisches Gericht, ich schrieb es schon Möhren und Zucchini, aber lecker, nur schade, dass kaum etwas von der wunderbaren Esskultur rüber kam,

Beim Abendbrot saßen wir mit dem Paar, bei dem die Frau ihren Mann jeden Tag glücklich macht. Dabei kam heraus, dass er zum Teil mitgelesen hat, wenn ich schrieb. Er las die Szene über das Seniorenbeige und war, kaum zu glauben, entsetzt. Wo er doch immer so farbenfroh gekleidet ist. Das stimmt tatsächlich. Aber der überwiegende Teil ...

Dann, später, in großer Runde, mit "Mama und Papa", Mama und Papa, weil deren Tochter drei Tage vor mir geboren ist und so heißt wie ich, sie gehören zu Club 52, das ist der Club, der Paare, die 52 Jahre verheiratet sind. Wahnsinn, über ein halbes Leben, das ist für mich nicht mehr realisierbar, selbst wenn der Traumprinz auftaucht. Zu dem Club gehören weiterhin der glückliche Mann mit seiner Gisela und ein weiteres Paar, ein Paar, welches immer den Platz hinter dem Busfahrer hatte, dafür doch tatsächlich das Frühstück ausfallen lies. Das muss man sich mal vorstellen, kein Frühstück um den einen, den besonderen Platz zu bekommen. Unglaublich.

In der großen Runde werden Kennlerngeschichten erzählt. Die zweiundfünfzig Jahre verheirateten haben in der Regel dieselbe Geschichte. Sie gingen einfach tanzen.

Bei dem jungen Paar ging es etwas Langsamer, etwas viel mehr Langsamer, es scheint zu stimmen, dass die neue Generation sich mehr Zeit lässt.

Wir tranken Wein und weil es noch nicht reichte, bestellte ich mir noch ein Bier, Casablanca, das Bier für die Touristen, für einen utopischen Preis, fünf Euro achtzig Cent wurden dafür aufgerufen. Ich sag mal so. Es war ein Casablancagedächtnisbier.

Viele unserer Reisegruppe gehen am Dienstag wieder arbeiten, also die, welche noch arbeiten gehen, gut, das meine freien Tage noch nicht zu

Ende sind. Irgendwann dann, zu noch späterer Stunde ging nichts mehr, ich musste ins Bett, so ganz langsam bin ich dann im Stuhl zusammen gerutscht.

Am Morgen dann, ausruhen, ausschlafen, wenn nicht, ja wenn nicht dieser besc ... Wadenkrampf gewesen wär. Wach um fünf, um sechs sang der Muhadischin oder so, es hörte sich rhythmischer an, als die Male vorher. Vielleicht weil heute Sonntag ist. Ein Zugeständnis an die moderne Welt, vielleicht, vielleicht auch nicht.

Gerade findet sich eine Spielgemeinschaft zusammen, Skibbo, vorwärts, rückwärts, ich steige nicht durch, und nun fliegen die Karten weg. Nicht, dass diese jemand schmiss, es war den Wind, der sie zum Fliegen brachte.

Weiter mit dem Tagesverlauf,

Am Frühstück reden alle, fragen was macht ihr? Das ägyptisch/ deutsche paar, welches noch unter Darm zu leiden hat, fährt in die Stadt, der Gauklerplatz zum Dritten, einige fahren in den Garten von YSL, (Yves Saint Laurent) ich kann den Namen weder ausschreiben noch aussprechen. Da bin ich nicht mit hin. Später werde ich mich darüber ärgern. Was machen wir? Wir, wir wandern, immer die Straße entlang, zwei Kilometer hin und zwei Kilometer zurück. Der Hinweg, leicht beschwingt mit einer

Vierergruppe. Wir hatten Unterhaltung auf dem Weg. Zurück dann alleine, wobei das so nicht richtig ist, wir hatten Tüten, Getränke, Obst, Gewürze und endlich hab ich ihn, den Pfirsich, den schmackhaften Pfirsich und schon, gleich, sofort aufgegessen. Mir schwant für später Schlimmes. Ich sage nur "Darmstadt".

Auf dem Rückweg einen Zwischenstopp in einem Café, wir tranken Tee Marocain, dazu Wasser. Am Nachbartisch eine Zigarette geschlaucht, ich hab es mich getraut, fremde Menschen auf einer anderen fremden Sprache anzusprechen und ihnen begreiflich zu machen, was ich begehre.

Im Hotel dann zurück an den Pool, langsam tauchen alle wieder auf. Ich ein bisschen das Gefühl, mich in einem Film zu befinden. Wirklich. Es ist chillig, mir geht es gut.

Verrückte Welt, nun sitzen wir schon wieder im Flieger. Vor vierzehn Tagen um diese Zeit kamen wir etwa in Frankfurt am Main an, voller Vorfreude auf die Reise, was wird es geben, wie sind die Menschen, die mit uns Rundreisen?

Aber es soll noch kein Fazit werden, das kommt später,

Der Tag, er war ein bisschen so, wie ich mir Urlaub vorstellen könnte, ein kleines Hotel, unser Hotel war tatsächlich nicht so groß, die Leute sind unterwegs, kommen und setzen sich auf die Terrasse, am Pool ist ein Treffpunkt, so wie in den "Strandhotels" der, vielleicht Zwanziger oder dreißiger Jahre des vorigen Jahrhunderts, so ein bisschen wie bei, ich meine von dem hatte ich schon erzählt, also wie von Hercules Poirot, der belgische Detektiv, so eine vermeintlich heile Welt mit der einen oder anderen Intrige. Um Intrigen zu spinnen, war die Zeit unserer Rundreise zu kurz.

Also der Nachmittag, lesen, Baden, reden, Baden, Baden, die Reise Revue passieren lassen,

Nicht alle waren da, einige besuchten die Gärten,

Am Anfang der Reise stand ja die Frage nach der Reisebeziehung der Holländer, Vater, Tochter? Liebespaar? Ehepaar? Es sind ganz profan, Freunde, vermutlich eine besondere Freundschaft. Die beiden wissen schon, wie das Leben genossen wird, werden kann, viel Wein, viel reden. Immer mal ausklinken aus der Gruppe.

Am Nachmittag, am späteren Nachmittag, am Pool, ein Mitreisender stellt in den Raum " eigentlich müsste man noch mal an den Gauklerplatz fahren,." einfach so dahin gesagt,

Gauklerplatz, ich hätte schon Lust, ich frage also, wie lange ich Zeit habe, mich fertig zu machen. Lotte hatte auch Lust. Der Reisende versuchte, aus der Nummer raus zu kommen, er wollte nicht mit uns, er stand auf und ging los, erst anmachen und dann stehen lassen. Nicht ok.

Es wurde auch ohne den Gauklerplatz ein schöner Abend. Wir sitzen, in einer lauen Sommernacht, Urlaub eben.

Es gab noch die Klarstellung auf die Frage, ob Lotte und ich ein paar währen, sind wir nicht, die Frage wurde immer mal wieder gestellt, mal offener, mal verdeckter,

Spät ging es ins Bett, zuvor noch der Versuch, Reisende zu motivieren nach dem Frühstück in den Pool zu gehen. Die Stimmung, war ausgelassen, heiter eben. Der Morgen, grau, ein freundliches Abreisegrau, aber warm. Hin und her, was ist nun mit einem Abschiedsbesuch im Pool?

Badeanzug an, noch leicht feucht, egal Kleid drüber, Handtuch und Tuch. Und ab zum, nicht zum Pool, zum Frühstück. Es ist weiter grau, in der Nähe machen die Wespen ihren Morgentanz, bestimmt hat jemand einen Klecks Honig fallen lassen, vielleicht sind es auch Bienen. Der Hund, der die Tage zuvor sein Herrchen begleitete, scheint abgereist zu sein, und ich, ich möchte in den Pool. Lotte steigt aus, sie geht nicht mit in den Pool. Sie wird etwas verpassen. Da ein Sonnenstrahl, sie kommt noch, die Sonne, und da, es kommt jemand mit, mit in den Pool, langsam, sitzen am Poolrand, Beine ins Wasser und Schwung, rein. Es ist nicht kalt, wirklich nicht. Doch, es ist kalt. Geschwommen, erzählt, und dann Abschied genommen, Abschied vom Pool, vom freien Baden, vom Baden im Freien.

Koffer packen, alles passt rein, er fühlt sich nicht schwer an, die Waage wird später zeigen, er ist schwer, Übergepäck.

Der Bus ist da,

Die Reisegruppe versammelt sich langsam,

es ist komisch, ich hab was vergessen, aber was?

Rucksack ausgepackt, wo ist mein E-Book?

Zuletzt hatte ich es im Bett, genau unter dem Kissen.

Fünf vor halb elf, Abfahrt ist halb. Ich zur Rezeption, "can you help me? Can you cart for room 208?" Sie konnte, hoch, ins Zimmer, die Karte funktionierte, was auch nicht üblich ist, ich meine war, (ich weiß nicht, wie oft ich sagen musste. "Card is out of Order"), jedenfalls die Tür ging auf, Kopfkissen hoch, da lag er der Tolino. "Pst Tolino schläft." stand auf dem Display.

Und hätte ich ihn nicht geholt, dann würde er noch immer schlafen.

Pünktlich am Bus, das Danketrinkgeld überreicht. Da war sie, die letzte Fahrt mit unserem Bus, die Fahrt zum Flughafen, der bei Tageslicht betrachtet zwar hübsch, aber nicht mehr spektakulär aussah.

Eine letzte Ansage von Mohamed, das war's, weg war er, der Mohamed.

Durch den Flughafen schlendern. Die letzten Dirhams ausgeben, die wollen hier auch nicht das Kleingeld, die Putzfrau wird sich darüber freuen, Einstieg ins Flugzeug, tja und da sitzen wir nun mit 30x6, insgesamt 180 Passagieren, in Richtung Frankfurt am Main.

Der Landeanflug auf Frankfurt am Main, schneller als gedacht, alle quetschen sich in den Bus, auch in den zweiten. Ich plaudere mit einer Frau, die neben mir sitzt, sie hat ein Team, welches sich mit Natur und Umweltschutz beschäftigt, sie schickt mir ein paar Informationen. Dann laufen, laufen, laufen und eine "automatische" Einreise, Check-in vor einer Tür. Den Pass in ein Lesegerät legen und dann geht die Tür auf, eine weitere Tür, ein Foto gemacht, ist es hübsch genug, geht die Tür auf. Glück gehabt, meine Tür ging auf, eigentlich alle

Türen, also hat es mit der "Hübschheit" nichts zu tun.

Warten am Kofferband, mit uns fast alle Menschen aus dem Flieger, noch eine letzte Runde gedreht, gedrückt, gelacht und da, da war er der Koffer, weg vom Band. Laufen. Voller Bus, und noch mehr Menschen rein.

Der Bus fährt los, dieser Flughafen ist schon groß, so richtig groß.

Irgendwann finden wir dann auch den Bahnhof Frankfurt am Main-Flughafen, alle Züge in Richtung Frankfurt am Main-Hauptbahnhof haben Verspätung, inzwischen so viel, dass sie irgendwie wieder pünktlich sind,

Und da liegt es, ein überbackenes Tomatenkäse-Baguette, genau das hat auf mich gewartet, saftige Tomaten, würziger Käse, vielleicht ein bisschen scharf, und das Beste daran, essen ohne Sorgen vor, ja vor Magen/Darm,

Auf dem Bahnsteig 9 trifft sich eine bunte Gesellschaft von Mitreisenden, es gelingt uns, einen Wagon zu kapern. Im wahrsten Sinne des Wortes, rein in den Wagen. Einen Vierertisch, zwei Einzelplätze, die Fahrt geht los, und wie, am Nebentisch zwei Reisende nach Hannover, sie reden, ziemlich laut, über Metallfenster mit und ohne Verglasung und über einen

Kündigungsfall, Sie wurden nur mal unterbrochen, unterbrochen von der Ankündigung der ersten Zugverspätung, alle in Kassel umsteigenden waren irritiert. Es gab einen Auflauf um uns rum,

Die Durchsage wurde zum Theaterstück. Erst hieß es, nicht aussteigen, dann wieder doch aussteigen. Mit etwas Panik waren dann alle raus, der Nachbartisch war leer, eine Marokkoreisende stieg mit aus.

Weiterfahrt, der Zug schafft es, weitere Verspätung aufzubauen. Unsere Mitreisenden nach Hannover organisieren die Abholung aus Hildesheim, sie schaffen ihren Anschluss auch nicht, wir lernen dafür die Kinder vom Fenster aus kennen, sehr schön.

Der Schaffner kommt, "Haben sie schon einen Oberblick, mit wieviel Verspätung wir in Berlin ankommen ?"

"vierzig Minuten" die Antwort. Ach her jeh, das ist zu viel. Er, der Zugbegleiter, lässt den Zug vormerken, vormerken bedeutet, dass er auf uns wartet, wär schon schön.

Die Fahrgäste, welche in Stendal aussteigen wollen und in Richtung Magdeburg wollen, sollen sich im Wagen 9 beim Zugpersonal melden, so wie es sich anhört, kommen die Leute dort nicht mehr weg, oh man!

Inzwischen ist es klar, wir erreichen unseren Anschlusszug nicht. Aus Frust essen wir die Bonbons auf, die Bahn ist also schuld, wenn ich wieder ein Kilo mehr wiege, dabei war ich bis hier supertapfer, keine Bonbons, keine Schoki, nicht so etwas.

Zu den Bonbons kommt ein spannendes Schnarchkonzert. Hinter mir recht leise, neben mir richtig laut, und die Schaffnerin macht eine Durchsage, um eins sind wir in Spandau, meint die Schaffnerin, ich meine Zugbegleiterin. In Spandau, um eins. Nicht 0.20 Uhr, wie geplant, es sind tatsächlich vierzig Minuten Verspätung. Unser Anschlusszug ist weg. Gestrandet in Berlin, vermutlich, heißt es bei der Bahn gestrandet? Oder eher gebahnhoft, gebahnhoft in Berlin? Eine Freundin fasst allen Mut zusammen und wird uns abholen. Am Ende. Ja am Ende war ich kurz vor drei im Bett.

Hallo Bernau. Da bin ich wieder!

Nach dem Urlaub ist vor dem Urlaub.

Fazit der Marokkoreise.

Es war eine Reise, von der mehr positives als negatives bleibt, an manchen Orten wäre ich gern länger geblieben, andere hätten wir uns sparen können, ein Mittag am Meer, die Wellen schlugen gegen die Felsen im Meer, die Kaimauer, auf der ich saß, in der Sonne und nur das Meer beobachten konnte, ein Traum, da möchte ich wieder hin, oder die Burg, die Burg, auf deren Gipfel ich meinen Wunschturm baute, ein Moment inneren Friedens, ob der Wunsch in Erfüllung gehen wird, wir werden sehen, ich werde sehen, das sitzen auf der Dachterrasse mit dem Bier in der Hand, den Blick in die Berge, traumschön, und nicht zu letzt der Gauklerplatz in Marrakech, das bunte Leben, das volle Leben, ein Traum,

Diese Reise, jederzeit wieder, auch allein,

Aber vorbereiteter, vorbereitet, dass wir etwas über 3000 Kilometer im Bus fahren werden, vorbereitet darauf, dass es jeden erwischt, aber wirklich jeden, ich meine die Darmgeschichte und nicht zu letzt, vorbereitet darauf, dass es ein bisschen wie Klassenfahrt ist, man hat die netten dabei, aber auch die, fängt mit A an und hört mit öcher auf.

Gelernt auf der Reise von den Senioren:

1. nimm eine Flasche Schnaps mit, besser noch viele kleine.
2. Reise nicht ohne Gegendurchfalltabletten und -oder Kohletabletten.
3. nimm noch einen Schnaps mit.
4. Verteilersteckdosen, wenn du morgens volle Akkus brauchst.
5. Salzstangen und Zwieback.
6. Elektrolyte und Magnesium, doppelte Dosis, damit Du abgeben kannst und dich dadurch beliebt machen kannst.
7. besser noch Kompressionsstrümpfe, und ...
8. einen Schlafsack, manchmal sieht die Wäsche aus, wie schon benutzt.

Die Hälfte des Gepäcks hätte gereicht, in meinem Kopf sind viele noch weiter zu sortierende Eindrücke und in meinem Herzen haben neue Menschen Platz.
Ende der Reise und Freude auf die nächste, baldige Reise,
Denn, nach der Reise ist vor der Reise.

Ägypten

Verrückt, total verrückt. Sommersonne im Januar. Im Januar, am 16.01. fahre ich früh noch durch den Schnee. Eine schreckliche, anstrengende Fahrt. Unverantwortlich überholende Autofahrer im Schneegestöber. Schneeglätte. Überholende Menschen, drei, vier Autos. Nicht auf grader Strecke, nein auch noch in der Kurve, wir befinden uns in der Kurve. Sportlich, eher unsportlich. Ich roch komisch, als ich im Büro ankam, wirklich, sehr unangenehm. Angstschweiß, reiner Angstschweiß. Es ist Dienstag, ein Dienstag und noch ist er nicht da, der Urlaub. Donnerstag liege ich am Meer, am Meer in der Sonne. Unglaublich, Wahnsinn. Der Himmel wird im allerschönsten Blau strahlen, das Meer wird glitzern, glänzen und spiegeln. Ein Traum, der bald real ist, ein Traum zum Festhalten, zum führen durch die kalten grauen Dienstage des

Winters in Old Germany. Wie viel Glück, Freude und auch Dankbarkeit. Dankbar, dass ich im kalten, unangenehmen Winter in der Sonne liegen darf. Und warum liege ich dann in der Sonne rum?

Und schwitze, am Donnerstag. Tatsächlich, läuft mir der Schweiß. Eine Reise an das Rote Meer. Überlegt. Besprochen. Gebucht. Der Reise- preis unschlagbar. So unschlagbar, dass diese Reise unbedingt gemacht werden musste. Alles andere wäre falsch gewesen, hätte sich falsch angefühlt.

Der Tag gestern, der Mittwoch stand im Zei- chen der Reisevorbereitung. Früh entspannt, ganz entspannt mein Kind zum Bahnhof gefahren, zurück nach Hause, Hausputz, Sport und Frisör. Noch ein paar Reisedinge einkaufen. Mir fällt gerade auf, dass ich unglaublich aktiv bin. Diesmal wird der Ratschlag der Senioren mit dem täglichen Schnaps sofort berücksichtigt. Koffer packen. 15 Kilo wiegt er zuhause. Am Check-in werden es dann 17,5 Kilo sein. Noch sind wir aber nicht am Schalter, sondern das Thema packen steht noch an. Überforderung, ich bin gerade überfordert. Was packe ich ein? Was muss dann doch zuhause bleiben? Nun gibt es

eine bunte Mischung. Bunt ist übertrieben. Blau-
weiß beschreibt es eher. Spannend ist, wie viel
sauber wieder mit nach Hause kommen wird.
Noch auf ein Käffchen zu der Nachbarin und
dann ging alles schnell. Zum Flughafen. So
zeitig, zu zeitig, aber Zeit, Leute zu beobachten.
Da ist zum Beispiel der Sunnyboy, der seiner
Kristina ein Flughafenselfi von sich schickte. Ja
ich schäme mich. Aber es war so offensichtlich.
Er war schon gut zurechtgemacht. Er hat sein
Display so offensichtlich in meine Richtung
gehalten. Vermutlich wollte er, dass ich mitlese,
was er mit Kristina schreibt. Sicher war er
besonders stolz darauf, dass er mit Kristina
schreibt. Vielleicht war es aber auch nur Zufall,
dass ich es gesehen habe. Er fliegt zum Tauchen,
drei Wochen, eine Reisetasche für drei Wochen
tauchen. Ist das etwas wenig? Das er zum Tauchen fährt, berichtete er, als wir Thomas und
Matheo trafen. Sunnyboy will drei Wochen tauchen und hat in der Tasche nur seine abgehalf-
terten T-Shirts. Eines mit dem Schriftzug "Diving
is the best" auf der Brust. Auf dem Rücken steht
dann "I am a beast" oder so. Es passt absolut zu
Sunnyboy. Ich vermute ja, dass er uns bezüglich
der Reisetasche ziemlich verar... hat. Er hat das

andere Zeug im Sperrgutschalter abgegeben. Langsam wird die Schlange am Check-in weniger. Anstellen angesagt. Nun kommt Thomas ins Spiel. Wir standen hinter ihm. Thomas Anfang vierzig mit Matheo auf den Schultern, Matheo ist zwei. Thomas hat seinen Rucksack auf. Ich zu ihm, zu Thomas "Ihr Rucksack ist auf und ich sehe die Goldbären." Thomas. "Oh danke, das wichtige habe ich extra." Er hat Matheo auf dem Arm. Wir haben Thomas dann den Rucksack verschlossen. Thomas lässt Matheo runter. Der Zwerg, Matheo ist etwa zwei, kommt durch alle Absperrungen. Sein Weg führt ihn bis auf das Kofferband der gegenüberliegenden Seite. Thomas hinterher und ich hatte seinen Wagen mit bestimmt acht, acht! Koffern unter Aufsicht. Matheo wurde eingefangen. Es stellte sich heraus, dass Thomas ist Vater von drei Kindern. Seine Frau kommt mit den anderen mit dem Bus, sie haben nicht mehr ins Auto gepasst. Ich sage nur Koffer. Acht! Es dauert, bis alle zusammen am Check-in sind. Geld haben sie auch keins mehr. Und dann ist Matheo schon wieder weg. Sunnyboy steht inzwischen in der Schlange und hat Spaß mit sich. Er war rauchen. Ich glaube, es war kein Tabak, bei dem glücklichen Gesichtsausdruck. Matheos Mutter kommt mit Tochter, drei, und Baby drei Monate. Doppelkinderwagen Baby am Körper, Kinderwagen voll mit Zeug, zwei Ordner, Briefe, die noch eingeworfen werden müssen. Hier am Flughafen, am Airport wird das wohl nichts mehr. Ansteckzeug für den Wagen. Babyöl. Babyöl? Das muss noch in den Koffer. Thomas setzt Matheo in den Wagen. Auf die Ordner. Nimmt einen Koffer vom Wagen, um das Öl zu verstauen. Matheo wackelt. Die Mutter bekommt einen Schreck und setzt Matheo um. Thomas bekommt einen Anschiss. Das Mädchen fällt nicht auf. Gepackt hat die Mutter innerhalb einer halben Stunde. Respekt. Wir sind am Schalter. Bekommen die letzten zusammenhängenden Plätze. Danke. Der Stewart lächelt, wir lächeln zurück. Als wir im Flieger sind, ist klar, warum der Stewart lächelt. Der Flieger hat Verspätung. Wir stehen vor dem Boarding. Sunnyboy sucht noch einen Sitzplatz, den braucht er auch, ich erinnere an sein seliges lächeln. Aber wo ist Familie Thomas und Matheo? Sie kommen mit einer Stewardess. Persönliche Unterstützung, Assistenz. Baby hängt an der Mutterbrust. Matheo nutzt wieder jede Lücke und die Schwester, die ist entspannt. Thomas! Thomas hat irgendwas vergessen. Also wieder raus. Boarding beginnt. Familie Thomas als Erste ins Flugzeug. Und dann haben wir sie leider nicht mehr gesehen. Schade, die Familie macht richtig Spaß. Unser Flieger hat tatsächlich schon bessere Zeiten gesehen, viel bessere. Und nun ist auch klar, warum der Stewart so gelacht hat, es war nicht die Verspätung des Fliegers. Es waren unsere Plätze, die letzten, die zusammenhängend zu bekommen waren. Unsere Plätze sind in der letzten Reihe. Ein Herr setzt sich neben uns, vor mir ein Jungspärchen. Ich denke die ganze Zeit hoffentlich, hoffentlich legt er sich nicht in Schlafposition. Welchen Deal kann ich ihm anbieten, falls er auf die Idee kommt. Ich biete ihm an, nicht schrill zu lachen und laut zu reden. Ich biete ihm an meine Knie nicht in seinen Rücken zu drücken. Und als Krönung biete ich ihm an, nicht in seinen Nacken zu kot ... Aber dazu kam es nicht. Yepp. Sein Sitz hatte auch schon bessere Tage gesehen, er konnte ihn, den Sitz, nicht nach hinten legen. Nicht, dass ich mich nicht darüber gefreut hätte. Zurück zu dem Herrn in unserer Reihe, derselbe Geruch, wie der von Sunnyboy. Der Sunnyboy ist auch abhandengekommen, wie Familie Thomas. Egal.

Also der Herr, er passte gerade so in den Sitz, nahm Whisky Cola und dann noch ein Berliner Pilsner zu sich. Als wir unsere Muttibrötchen gegessen haben, packte er seine Stullen aus, zwei paar in Alufolie gewickelt. Ich glaube, es war Mettwurst. So roch es dann bei uns hinten, in der letzten Reihe. Der Flug selber, unspektakulär. Die Landung auch. Der Transfer ok. Ich war supermüde. Im Hotel. Sie wollten den Voucher. Hab ich nicht. Ich reiche meine ausgedruckten Unterlagen hin. Kein Voucher. Hatte ich erwähnt, dass es inzwischen halb drei in der Nacht ist? Mein Handy ist ausgestiegen. Und wer kennt sein Passwort für sein Mailkonto nicht? Ich. Inzwischen ist es halb vier Ortszeit. Und dann, da ist er, der Voucher. Er war extra. Ich hatte die Busnummer von dem Bus, der uns ins Hotel fährt aufgeschrieben. Mit dem Merken ist es Nachts nicht so doll. Einen Kräuterlikör zur Vorbeugung und Entspannung. Dann schliefen wir. Und morgens? Sommersonne im Januar. Einfach toll. I like it.

Ein Tag am Strand. Eigentlich könnte man glauben, dass es etwas langweilig ist. Ist es nicht. Es gibt so viel zu sehen. Da ist die, ich vermute,

Russin in ihrem roten Bikini, die schon am Vormittag ziemlich viel getrunken hat und ihre nicht
weniger betrunkene Freundin immer wieder
abknutscht. Also nicht so richtig. Nur auf die
Wange. Aber zum Fremdschämen und Augen-
verdrehen reicht es. Da sind die arabischen
Familien, bei den die Frauen im Burkini mit
Badekopftuch ins Wasser gehen. Die Männer so
westeuropäisch gekleidet sind und die anderen
Nationalitäten, die ich schlecht zuordnen kann.
Was nicht fehlen darf, sind natürlich unsere
Ruheständler. Die schon eine Community
gegründet haben und sich hier ausgesprochen
wohl zu fühlen scheinen. Dann haben wir noch
die Anbieter von Massage und Wasserdienstleis-
tungen. Boot fahren, Schnorcheln, tauchen. Die
Animateure, die unaufdringlich zum Volleyball
baten. Volleyball. Ich hab mich nicht getraut.
Wirklich nicht. Die Zeit am Strand war zum Träu-
men schön. Blauer Himmel. Sonne satt und
weiße Schiffe vor uns. Lesen. Trinken. Wasser
und Kaffe. Das mit dem Whisky kam erst später.
Mittags ein Treffen mit dem Reiseleiter. Wir
kauften uns Ausflüge. Sie werden mit Sicherheit
ein Erlebnis, jeder für sich, werden. Ein Ausflug
geht auf eine Insel, dort war ich vor (vielen)

Jahren und kann mich noch so sehr daran erinnern. Gern wollte ich einen Ausflug in die Wüste in der Nacht. Der Reiseleiter "das wird nicht angeboten. "Ich:" Aber ich hatte das schon mal. Er: "Dann ist das schon sehr lange her." Ich: "Mindestens 15 Jahre." Er: "Ja, das ist jetzt zu gefährlich." Mein Gott, wenn die Ägypter schon was gefährlich finden, dann kann ich froh sein, dass es die Kinder und mich noch gibt. Mit einer Reisenden, einer Seniorin, einem jungen Paar und uns ergab sich ein Gespräch. Ein junges Paar erklärte, dass es die Reisen, die Ausflüge alle billiger gibt. Die Seniorin beschwerte sich über den Zustand der Anlage. Aber mal ehrlich, wenn ich für den Preis verreise, dann kann ich nicht erwarten, dass fünf Sterne und alles pico-bello ist. Wenn ich das will, wenn mir das wichtig ist, dann muss ich etwas mehr Geld in die Hand nehmen. Ich glaube, sie hat es verstanden. Und das junge Paar. Mhm, billiger geht immer. Aber auch so schön? Na ja, Wichtigkeiten entwickeln sich eben mit dem Alter (Oh, wie philosophisch).

Am Strand wurde mit einem Mal frisch. Gegen fünf war der Strand leer. Wir waren die Letzten. Der Handtuchjunge wartete schon auf uns. Und das Ergebnis. Heute früh bin ich von meinem eigenen Niesen aufgewacht. Ein Schnüpfchen. Finde ich doof. Auf dem Rückweg vom Strand zum Zimmer, wir gehen ein kleines Stück. Auf einmal eine Nebelfront. Das tägliche Insekten-töten. Ich bin mir nicht sicher, ob mir das gefällt. Andersherum. Meine Beine sind zerstochen. Ich weiß nicht, ich weiß es wirklich nicht.

Am Abend gab es ein orientalisches Buffet. Das im Reis Leber warm hat mir keiner gesagt. Schade. Veggiefood war genügend in allen Varia-tionen. Whitewein, furchtbar. Er schmeckte wie verdünnter Schnaps. Dann kam die Überlegung auf Cola-Whisky umzusteigen. Der Barmann gab mir einen kleinen Becher. Ich dachte, es sei der Probeschluck. Oh nein. Es war sein Ernst. Das war der Drink. Ich hatte dann drei plus eins. Heute ist alkoholfreier Tag. Bis auf den pro-phylaktischen Kräuter. Durch die Cola-Whisky kam ich in Plauderlaune. Zwei junge Frauen aus der Nähe von Kiel mussten dran glauben. Tut mir nicht leid. Das Kulturprogramm haben wir dann verpasst. Nachts bin ich irgendwann aufgewacht und erklärte, wie Whisky geschrieben wird. Was für einen Eindruck hat er hinterlassen, der Whisky.

Dieses W-LAN, es bringt mich zum Ärgern.
Irgendwie kommt es mit meinem Handy nicht
klar. Nicht nur, dass ich mich ständig neu ein-
loggen muss, nein, es greift einfach nicht. Es
schickt seine W-LAN strahlen nicht zu, in
meinen Empfänger. Oder, das habe ich gerade
überlegt, oder Apple möchte, dass ich mir ein
neues Handy kaufe. Es leert den Akku super-
schnell und nun lässt es das W-LAN nicht durch.
Ich ärgere mich. Sehr. Egal. Der Tag startete mit
einem Besuch am Strand. Nicht ganz so warm
wie gestern, aber sonnig und das allerbeste,
Plätze in der ersten Reihe. Blick aufs Meer. Erst
ist es noch diesig, doch dann wurde alles klar.
Die Inselkette war zu sehen, nicht nur zu
erahnen. Inseln gegenüber der Hurghadaküste.
Für die Geographieafinen, ich rede von den Gift-
uninseln. Davor ein Containerschiff. Erst war nur
ein Farbfleck zu erkennen. Dann auf einmal war
es ein Schiff, ein großes. Wir am Strand auf
unseren Liegen, erste Reihe und ein ungestörter
Blick. Ich weiß, das schrieb ich schon, aber es
war wirklich was sehr, sehr Besonderes. Wir
malten. Wir sind ich und Netty, meine Reisefreundin, meine Schulfreundin, wir kennen uns
fast 47 Jahre, also Netty und ich, wir malten. So

richtig mit Buntstiften. Netty Mandela, ich frei Hand. Es war entspannend. Ich las Texte über das Glück. Auf einmal war es halb eins. Ausflugszeit. Ab in die Wüste. Seit dem Ausflug hat der Begriff "In die Wüste schicken" eine völlig andere Bedeutung. Übersetzt, schick jemanden in Ruhe und Zufriedenheit. Ja. Wüste eben. Unsere Fahrt ging pünktlich, besser überpünktlich los. Wir waren die Ersten im Jeep, dann kam ein junges Ehepaar, beide Türken dazu. Total romantisch, sie feiern morgen ihren zweiten Hochzeitstag. Wie schön. Dann ein weiteres Paar. Ich fragte sie, ob sie Schwaben oder Badener sind. Badener. Es war nett mit den Ausflugsfreunden. Nett das falsche Wort. Schön. Zu unserer Ausflugsgruppe gehörten noch weitere Personen. Personen, die im Vergleich zu unserer gefundenen Gruppe, eben im Vergleich zu unserer schon gefundenen Gruppe, nicht unbedingt einer Erwähnung bedürfen. Manche ihrer Fragen waren so, dass die Vermutung entstand, dass sie nicht die hellsten Kerzen auf der Torte sind. Bitte nicht falsch verstehen. Ich meine es nicht überheblich, aber irgendwann mal was aufgeschnappt und dieses (un)wissen preisgeben und darüber glücklich sein. Also ehrlich. Das erleuchtet meinen Horizont wirklich nicht. Vermutlich ging es anderen auch so. Der Reiseführer heißt natürlich, wie soll es auch anders sein. Mohamed. Es gab noch einen weiteren Namen. Aber Mohamed war schon ziemlich reiseführerisch. Mohamed erzählte davon, dass auch in Ägypten die Schulpflicht herrscht, aber die Beduinenkinder eher nicht zur Schule gehen. Die Mädchen werden ab zwölf verschleiert. Worauf sich eine Diskussion über die verschiedenen Verschleierungen entspann. Ich bin ausgestiegen, ich meine mental. In meinem Kopf war der Badeburkini.

Ich durfte ein paar Fotos machen von mir, vom Panorama und von Fremden. Im Auto dann, zwei Engländer, die superjung waren, dass ich davon ausging, dass sie von der Mama, welche im anderen Jeep saß, getrennt wurden. War nicht so. Sie hatten mit der Mama gar nichts zu tun. Sie waren, so wie wir auch, zufällig in der Gruppe, dem Auto gelandet. Auf der Rückfahrt aus der Wüsten habe ich im Auto meine Lakritzbonbons angeboten. Die "Engländer" wollten keine. Ich sagte, "Aber Engländer essen gern Lakritz" (Achtung Klischee) darauf kam aus dem Wagen. "Es sind Holländer". Ich "Oh, die essen auch gern Lakritz." Die beiden nicht, komisch aber ok, hatte ich einen mehr. BBQ und Folklore, irgendwie nett. Richtig nett. Ein schöner Ausflug und gelernt haben wir auch was.

Jedes Beduinendorf hat einen Bürgermeister, gegen alles was, in der Wüste passieren kann, ist ein Kraut gewachsen. Zivilisation ist nicht unbedingt Fortschritt. Das Leid macht vor keiner Tür halt und Frauen sind die Süßigkeiten des Lebens. Das Letzte sagte Mohamed. Das hört sich richtig schön an. Frauen sind die Süßig-keiten. Wenn man will, wenn ich will, komme ich immer mit irgendjemanden ins Gespräch. Es war ein toller Tag, wenn, ja wenn mich das Internet nicht ärgern würde. Update: Die Ägypter haben es drauf. Mein Internet, mein W-LAN geht wieder, welche Freude.

Weißer Sand, türkises Meer, weiße Schiffe. Nette Menschen, bis auf zwei, bunte Fische. Ent-spannung pur. Sonne, Sonne nicht vergessen. Ich bin schockverliebt, verliebt in diesen heutigen Ausflug. Ein Ausflug nach Mahmyha. Eine Insel der Giftuninselgruppe. Mahmyha, bedeutet geschützt. So ist der deutsche Name. Ein Besuch dieser Insel kostet Geld. Der Mehrwert ist mehr wert als der Preis, als der Preis der Reise, des

Ausflugs. 8:50 Uhr, stand auf dem Zettel, geht es los. Wir waren da, am Treffpunkt, pünktlich. Und wer war nicht da? Der Reiseleiter. Richtig. Ok, jetzt musste er einen kleinen Moment warten. Wir gingen vor das Hotel. Es stand ein großer Reisebus mit Klima, Toilette, Fernsehen und Getränken vor der Tür. Schon etwas übertrieben. Aber ok. Bei dem Preis. Es war dann doch nicht unser Reisebus. Wir bekamen einen kleinen, richtig kleinen Kleinbus. Ohne Klima, ohne Getränke, ohne Fernseher und ohne Toilette. Drei Personen saßen drin, ich meine bereits drinnen. Und ich "guten Morgen" es kam ein guten Morgen zurück. Ich "habt ihr kein Gepäck?". "Doch hier." Und zeigten eine Tasche. Eine, wir haben jeder zwei. Wenn wir Zahnbürste und frische Unterwäsche mitgebracht hätten, könnten wir tatsächlich ein paar Tage auf der zu besuchenden Insel überwintern. Leider darf man das nicht. Geschützt eben. Der Ausflug, ein Angebot mit Schnorcheln im Meer. Das Wasser, etwa so warm wie die Ostsee dieses Jahr im Hochsommer. Also kalt. Netty und ich. Wir lassen den Schnorchelausflug sausen und bleiben auf der Insel. Gute Idee. Richtig gute Idee.

Wie ruhig es ist, die Mitreisenden sind auf und im Wasser und wir haben die Karibik für uns.

Die Fahrt zu der Insel war kurzweilig, unterhaltsam. Zuerst unterhielten wir uns mit dem Ehepaar aus unserem Auto. Über Kinder, über Freundschaft und über so Zeug. Dann kamen noch mehr Gäste. Gut, dass wir zu den ersten Gästen auf dem Boot gehörten und unsere Plätze auf dem Oberdeck hatten. Plätze mit viel Platz. Allerdings mussten wir dann etwas Platz machen. Das war ok. Wir sind auf einem weißen Boot, auf dem türkisem Meer. Wir sind entspannt. Auf einmal höre ich ein Paar, ein anders Paar reden, obwohl reden ist von mir sehr nett ausgedrückt. Die Frau keift "Du Arschl..." Hey, wir sind an der Sonne, uns geht es gut. Wir haben das allerschönste türkise Wasser der Welt. Wind und Wellen, kleine Wellen und warmen Wind und die, ich schreibe bewusst die, sagt zu ihrem Mann " Du Arschl..." Ich hab mich mal wieder eingemischt. "Hallo, wir sind hier im Urlaub und uns geht es gut und dann so etwas." Ich will mich doch nicht mehr einmischen. Sie. "Das war nur Spaß." Mhm, finde ich überhaupt nicht spaßig. Nun bin ich ja keine Beziehungsratgeberin. Wirklich nicht. Hab dazu ja auch zu viele

Beziehungen in den Sand gesetzt. Aber das ist nicht Beziehung, so ist nicht Beziehung. Das ist, sowas ist untersterste Schublade. Fand der Herr neben mir im Übrigen auch. Mein Plan für den Tag auf der Insel, weit genug von dem Paar weg eine Liegegelegenheit zu finden ging auf. Erste Reihe. Strand, Meer- und Menschenblick. Die Insel ist schnell erkundet. Sand, Sonnenhütten, ein Restaurant, eine Bar und wir. Die Fotomotive sind geschossen. Es gab Mittagessen. Das Essen war klasse. Die Unterhaltungen, über Insel, über Hotels, vergangene und zukünftige Reisen. Ich kann mitreden. Weiß jetzt viel über das angeblich beste Hotel Hurghadas. Was drei Wochen Urlaub in einem besseren Hotel kosten, und das es für viele das erste Mal ist, im Januar zu verreisen. Auf der Hinfahrt.

Eine Dame, noch auf dem Schiff schaute mich an und meinte, wir beide vereisen wohl am selben Tag zu anderen Jahreszeiten. Ich in Wanderrock, Hemd und Tunika drüber. Tunika weiß, Rock blau, dazu Turnschuhe. Sie trägt lange Hose, zwei Jacken, Tuch und Kapuze auf. Da haben wir das Geheimnis der zwei Taschen. Ich hab das alles drin, sie hat alles an. Ich gebe zu, etwas kalt war mir auch. Ich zog dann doch eine Jacke über. Auch wenn es keiner mehr lesen kann. Das Leben ist schön. Und ganz besonders heute. Und mit einem kleinen Käffchen, dekadent am Strand gleich noch ein bisschen mehr.

Hier am Meer, direkt am Strand, im Meer, gibt es kleine Korallenriffe, ganz kleine. Mit Fischen, eine Sorte heißt Mimikry, Kammzähner, andere zum Beispiel Trauermantel, Chromis oder Rotmeer Anemonenfisch. Die hab ich, glaube ich zumindest tatsächlich gesehen. Den Rotmeer Preußenfisch nicht. Schade, er hätte mir das Gefühl von Heimat vermittelt.

Dann glaube ich ja, dass Ameisen die Welt regieren, da krabbelt doch eine Ameise über mein Handtuch, hier auf einer Insel vor Ägypten. Was hat die hier zu suchen, wo kommt die her? Ich glaube, wenn ich das den Reiseleiter frage, der heute nicht Mohamed heißt, sondern Kareem, glaubt er, ich will ihn veräppeln. Also nicht fragen. Ich bin noch nicht ganz trocken, ich meine, meine Badebekleidung ist noch nicht getrocknet. Allgemeine Aufbruchstimmung. Es wird kühl. Pullover und Leggins aus meiner großen Tasche und aufs Boot, aufs Oberdeck. Jetzt ist es gar nicht so windig wie auf der Hintour. Ach was könnte ich noch von der Insel berichten. Das nachgeholte Hochzeitsshooting ältere Leute. Sie sahen so glücklich dabei aus. Die Adonisse, ich meine die Männer, die sich sehr schön finden und es auch allen zeigen müssen. Die, die mit einem Schlauchboot auf die Insel kamen und die Frauenaugen zum Leuchten brachten. Von dem Pärchen, welches superstylisch von der Insel fuhr. Ja und von den Schwaben, die in einer Sprache sprechen, die mir unverständlich ist. Die eine Kehrwoche haben und ey, das gibt es wirklich und Spätzle mit Linsen essen. Oder auch von der jungen Frau, die mit einem Ägypter verheiratet ist und alle vier Wochen herkommt und ihn besucht. Könnte ich. Lieber erzähle ich noch mal von dem grandiosen Sonnenuntergang, der vom Meer aus zu sehen ist. Das Meer, das glitzert, jetzt dunkelblau. Weiße Boote im Vordergrund. Im Hintergrund kann man schemenhaft das Bergmassiv erkennen und die Sonne taucht dahinter ab. Irres Licht, irre Stimmung, irre gut. Wir landen an und Schiffen aus. So ist ein perfekter Tag. So soll es sein. So soll es wirklich sein. Und am Abend, im Hotel erwartet uns. Pizza.

Abends gab es Pizza, gestern Abend gab es Pizza, mit doppelt Käse überbacken schmeckt alles ziemlich perfekt. Kohlenhydrate und fett, die Komponente für Hüftgold. Die Ägypter sind ja auch für ihre Goldarbeiten bekannt. Für mich ist es dann nur Hüftgold. Lecker war es, nur war ich hier das erste Mal etwas enttäuscht über die mangelnde Aufmerksamkeit des Kellners. Die Pizza gab es in der hoteleigenen Pizzeria oder Ristorante. Sieben oder acht Tische, das Menü war vorbestellt. Cremige Gemüsesuppe, ich habe sie erkennen können die Suppe. Es war Championcremesuppe aus der Tüte. Morzarella-tomaten, Pizza und Karamellcreme. Dazu einen Rotwein. Kein Sterneessen, ein ok Essen. Der Wein? Ich freue mich echt auf den, den ich zuhause habe. Ja und warum habe ich mich nun geärgert? Weil der Kellner sich wenig um uns kümmerte, wobei geärgert ist falsch. Enttäuscht. Enttäuscht trifft es besser. Wir haben kein Trink-geld gegeben. Ich finde, dass es ok ist. Ziemlich ok. Es lag ja nicht nur am fehlenden kümmern, sondern auch daran, dass er dann bereits provokativ aufräumte, als wir noch am essen saßen, beim Essen.

Nach dem Essen, nach der Pizza noch ein paar Schritte laufen. Mir wurde immer wieder eingeimpft "Verlasse die Anlage nicht allein." Also in Richtung Meer. Rechtes Bein vor, linkes Bein vor und schon waren wir am Strand. Und sofort bei uns ein Securitymann. Es war unheimlich, sehr unheimlich. So richtig unheimlich. Er lief so richtig dicht auf und erzählte immer er sei Security. War er bestimmt auch. Aber, aber es war unheimlich. Also zurück ohne das Meer bei Nacht zu sehen. Die Lobby tust dann auch, oder waren wir dort gar nicht mehr? Mir ist, als wenn wir schon ewig da sind, ewig hier im Hotel. Es sind erst vier Tage. Der heutige Tag, ein geplanter Gammeltag. Frühstück gibt es bis zehn. Das haben wir gerade so geschafft. Danach zum Strand, unser Abschnitt, der Abschnitt von unserem Hotel ist etwa fünfzig Meter lang. Der Weg dorthin ist wie eine kleine Promenade, auf jeder Seite 21 Eingänge zu den Zimmern, mal drei Zimmer und davor blühende Beete. Am Strand selbst, Holzliegen mit dicken Polstern, blauweiß, so sind auch die Schirme. Die Handtücher eher Seniorenbeige, was auch zu dem Reiseklientel passt. Ansonsten haben die Osteuropäer auch dieses Hotel annektiert.

Erkennbar am Frühstücksbier und der Cassis-
flasche neben der Liege. Obgleich es nicht alle
sind, bei den Familien mit Kindern halten die
Frauen sich zurück, mit dem trinken. Am Strand
machte sich das E-Book bewährt. Ein Gammel-
lesetag. Bis, ja bis 15:40. Dann wurde es zu kalt.
Januar eben. Langsam schlenderten wir zurück
aufs Zimmer. Vorbei an dem richtig gut zurecht-
gemachten Osteuropäer. Mit dem zurechtgemacht meine ich nicht, dass jemand besonders
gut angezogen ist, sondern, dass dieser bereits
gut den alkoholischen Getränken zugesprochen
hat. Derjenige, der mittags schon im Speisesaal
das Klischee perfekt bediente. An dem flanierten
wir vorbei.

   Pia und ich, Pia ist die Heldin aus meinem
derzeitigen Krimi, machten ein Schläfchen, Netty
ging ins Hamam und kam runderneuert zurück.
Und ich, ich duschte und cremte.

   Nach dem Abendessen, ich weiß, dass ich das
nicht sollte, gingen wir vor das Hotel. Ein kleines
Stück nur. Das Lächeln aufgesetzt und weiter
gelächelt und artig für alle Angebote gedankt
und dann, da war es. Unser Hotel, unsere Oase
der Ruhe. Oder fast Ruhe. Ein Mixgetränk in der

Lobby. Jetzt tatsächlich, Leute schauen. Geschichten hören und schreiben. Urlaub eben.

Ach was für eine Aufregung, der zweite Ausflug aufs Meer und wir wieder ohne Zeitgefühl. Der Reiseleiter war schon da. Ein Toilettenbesuch tat aber noch not. Die Kultur der fehlenden Toilettenbürste ist schon eine ziemlich eklige Sache. Augen zu und durch. Bisher konnte dazu nichts Negatives gesagt werden, zu der Toilettenkultur. Ok, ich höre auf damit. Heute gibt es den dritten Ausflug. Schnorcheltour VIP Elite Schiff. Gekauft haben wir acht Personen auf dem Boot. Also acht Teilnehmer. Am Ende sind es 24. also drei mal acht. (Womit erkennbar ist, dass ich auch rechnen kann.) Getränke und Essen frei und auch die Neoprenanzüge dabei. Bekommen haben wir die erwähnten 24 Personen, das Essen und die Getränke. Zwei Schnorchelgänge mit und einen ohne Tauchguide. Es ist ein schöner Ausflug, ein richtiger Sommerausflug. Die Menschen verteilen sich gut auf dem Schiff. Es gibt eine Einweisung. Alle müssen in den Salon. Bei Kuchen und Saft und vierundzwanzig Menschen stellt sich unser heutiger Reiseleiter vor. Wir fragen ihn, heutigen Reiseleiter, ob wir tatsächlich auf dem richtigen Schiff sind. Er meint ja und fragt warum. Unserer Erzählung kann er folgen, vermutlich versteht er den Inhalt unseres Vortrags nicht. Egal, wir lassen uns den Tag nicht vermiesen. Bis, ja bis kein Neoprenanzug in meiner Größe da ist. Einen gibt es noch, aber der ist nass. Ich bin zickig. Etwas, nur ein ganz kleines bisschen. Es wird wieder, es wurde ziemlich schnell wieder. Urlaub.

Ein Schnorchelgang, der erste. Mit Anzug, ich habe tatsächlich den nassen Anzug angezogen. Mit Brille und Flossen. So angezogen ging es ins Schlauchboot. Hier waren wir dann tatsächlich VIP. Auf fünf Touristen kamen drei Begleiter. Ich war als Erste aus dem Schlauchboot. Das Schnorcheln selber ist dann relativ einfach, vom Rand des Schlauchbootes runterkippen lassen. Alles nass, inklusive Styling. Wir tauchen am Riff entlang. Ich knipse wahllos mit der zugelegten Einmalkamera, (dabei fällt mir ein, die Bilder sind noch nicht entwickelt,) und Paddel dann aufs Meer. Das soll ich nicht, immer schön bei der Schnorchelgruppe bleiben. Ich werde wieder eingefangen. Dieser Schnorchelgang dauert etwa vierzig Minuten. Das Wasser drückt. Meine Zähne fangen an weh zu tun. Was so ein bisschen Wasserdruck bewirken kann. Ich sehe Korallen und kleine Fische, die und ich, wir sind eins. Wenn da die Zähne nicht wären, die inzwischen richtig weh tun. Zurück an Bord. Netty bereitet ihren zweiten Schnorchelgang vor. Und ich, ich leide. Netty geht ins Wasser und ich, liege in der Sonne und träume von meinem Zahnarzt. Netty kommt aus dem Wasser und ich, ich schlauche mir ein Pillchen von ihr. Wirkt nicht, wirkt nicht. Wirkt.

Wir werden zum Essen gerufen, das Pillchen wirkt. Das ist richtig gut, es gab das beste Essen des Urlaubs, hervorragenden Fisch, Scampi und Kartoffeln. Noch viel mehr. Ich hatte Fisch und Scampi satt. Sehr satt. So sehr satt, dass ich Angst hatte, eine Eiweißvergiftung zu bekommen.

Die Mittagsträgheit hat unser Schiff übermannt, natürlich nicht das Schiff, sondern die Reisenden. Überall liegen die Passagiere. Hauptsache die Crew hält durch. Aus dem Lautsprecher klingt der Song aus dem Film Titanic. Hoffentlich ist das kein Omen. Der dritte Schnorchelgang. Wer ist dabei und wer nicht? Ich nicht, wegen des Wasserdrucks. An Deck, auf der Liegefläche ist es auch schön. Sehr schön.

Auf unserer Liegefläche komme ich ins Gespräch. Erst über das Thema eins beim Reisen, über das Reisen und und dann, es ist kaum zu glauben über Kochen und Kochkurse. Er, der männliche Teil eines Paares, hat erst Bilder von seinem Hotel gezeigt. Schon schön, erzählte von den Restaurants und dem abends Rausgehen können. Noch ist kein Neid aufgekommen. Er erzählte vom Kaffeetrinken am Hafen. Es fing langsam an zu kribbeln, dass kleine Neidding in mir. Ganz langsam. Aber, als er erzählte, dass er mit seiner Frau einen orientalischen Kochkurs gemacht hat, da hatte er das geschafft. Ein kleines Gefühl von Neid erreichte mich. Ein kleines. Wirklich nur klein. Stimmt nicht, es war schon ein bisschen mehr als klein. Der Zauberort heißt El Gouna. Merken. Der dritte Schnorchelgang. Netty rein ins Wasser und ich, ich schaute zu. Zum Abschluss des Ausfluges, ein Obstteller und ein Käffchen. Da ist sie wieder, die große Zufriedenheit, die große Dankbarkeit und Ruhe. Daran ändert auch der Kochkurs nichts, und ganz ehrlich, orientalisch bekomme ich auch ohne Kurs hin. Wirklich. Heute Abend geht es dann ins Fischrestaurant. Vermutlich wird das Essen, welches wir heute auf dem Schiff erhalten haben nicht zu toppen sein. Egal. Es wird schön. Sehr schön.

Das Fischmahl war tatsächlich nicht mit dem auf dem Boot zu vergleichen, ich muss sagen, nicht mal ansatzweise. Obgleich es wieder ein ok Essen war, ein Durchschnittessen. Mit guten Pommes und einer richtig guten Nachspeise. Die Nachspeise, ein Stück Zitronencremetorte, verschönert mit roten und grünen Streifen aus süßem, aus, ach ich weiß es auch nicht. Der Kellner, es war derselbe wie in der Pizzeria, oder der gleiche. Jedenfalls hatte er uns schon mal bedient. Er war freundlich, er war zuvorkommend, er war wie umgewandelt. Am Nachbartisch, ich sag nicht, welche Nation. Aber ich sage, große Weinbrandflasche, die Literflasche. Der Kellner kam kaum nach Eiswürfeln und Cola nachzuliefern. Der wurde aus Weinbrand aus Weingläsern getrunken. Passt ja auch irgendwie. Weinbrand im Weinglas.

Ein kurzer Blick zum Strand. Noch ein Strandtag liegt vor uns. Nun aber erst mal schlafen. Gute Nacht.

Morgens. Die Sonne lacht, der Himmel Azur. Azurblau. Der letzte Strandtag will sich von seiner besten Seite zeigen. Nach dem Frühstück und dem Checken der Welt, hatte ich schon erwähnt, dass mein W-LAN nur in der Lobby funktioniert? Also zum Checken der Welt, erst mal in die Lobby. Manchmal funktioniert es selbst da nicht richtig. Also nicht immer. Ich glaube, ich hatte es erwähnt. Also nach dem Weltcheck und Frühstück an den Strand. Unsere favorisierten Liegen, ich war zu langsam, sie waren bereits besetzt. Ein, vermutlich arabisches Paar war schneller. Wir suchten uns zwei andere Liegen. Da fehlte die Sonne. Nein, doch nicht, es war die kaputte Kopfstütze. Das am letzten Tag, am letzten Strandtag. Wir packen zusammen. Auf die nächste Liege. Zurechtgerückt und hingesetzt. Buch und Wasser raus und was passiert, die arabische Frau verlässt meinen Wunschplatz. Der Mann ist noch da, raucht gemütlich zurückgelehnt. Er bewegt sich. Er steht auf. Nimmt sein Handtuch. Die Liegen sind frei. Nach rechts und links geschaut. Kein weiterer Interessent vorhanden. Trotzdem muss es schnell gehen. Liegen erneut zurechtgerückt.

Meine, unsere. Näher ans Meer geht nicht. Ein Traum, ein richtiger Traum. Bis, ja bis die Liegennachbarn anfangen zu singen. Osteuropäische Volkslieder. In der Hand Cola mit Strohhalm, wahlweise auch Bier. Es gab noch kein Mittag. Wo soll das noch enden. Wir gehen zum Essen und Kommen zurück zum Strand. Es wird kühl. Wir gehen aufs Zimmer und dann haben wir noch etwas ganz Besonderes vor. Hamam. Zum Abschluss der Reise eine Reinigung. Eine äußere Reinigung. Im Auto, welches uns abholt, sitzt bereits ein junges Paar. "Ach sie sind deutsch? Ist das Essen in ihrem Hotel auch so schlecht?" Werden wir gefragt. Essen schlecht? "Warum?" "Es gibt kein Körnerbrot." Wir sind nicht in Deutschland mit seinen siebzehntausend Brotsorten. Sie rudert zurück und mein kluger Ratschlag, Mist, ich kann es nicht lassen, "Eine Packung Pumpernickel mitnehmen."

Am Spa angekommen, erhalten wir ein Getränk. Einen Zitronensaft. Dann beginnt der Reinigungsprozess. Sauna, Dampfbad, Hamam Whirlpool, Ruhen und dann Massage. Eine Oase der Ruhe. Wenn, ja wenn nicht die ... Nein ich sag es nicht. Doch, ich sage es, wenn nicht Gäste da wären, die laut sind. Extra laut. Diese sind nicht deutsch, sie gehören einer anderen Nation an. Auf der Rückfahrt wieder das junge Paar. Die Essensdiskussion geht noch etwas weiter. Es stellt sich heraus, dass die junge Frau ohne Körner schlecht zur Toilette kann. Dem Mann ist es peinlich, dass sie es uns so erzählt. Noch ein Grund mehr für eine Reisegröße Pumpernickel. Die beiden fahren morgen nach Mahmyha, so wird es richtig geschrieben, sie fahren auf die Trauminsel, auf der wie am Sonntag waren. Und wir, wir fahren morgen nachhause.

Der Tag endete mit der Überlegung einen richtigen Cocktail zu trinken. So einen Richtigen mit Dekoobst und Schirmchen.

Drei waren es dann am Ende, alle mit Schirmchen und mir war etwas schlecht.

Der neue Tag begann frühzeitig. Es sollen die letzten Stunden voll ausgekostet werden. Wir wollen das so.

Die Strandstunden.

Auf den Liegen hinter und ein paar arabische Herren. Sie unterhalten sich laut. Acharambla-bakacharum oder so. Viele Wörter mit CH und L. Vhalochoarilopchachachiralo.

Von der anderen Seite. Die feierfreudigen Osteuropäer. Wie kann man früh um zehn schon so in Feierlaune sein. Und heute ohne die üblichen Drinks. Erstaunlich. Vermutlich sind das die Reste von gestern, ich meine, sie haben noch die Reste von gestern zu verarbeiten. Heute sind die Liegen noch näher ans Wasser gekommen. Ein Meter noch weiter vor und wir sind im Meer. Wenn ich darüber nachdenke, dass ich in zwölf Stunden wieder in Deutschland bin. Kalt und nass wird es sein. Kein Gejammer, es ist überhaupt kein Gejammer. Nur, ein zwei Tage länger hätten es gern sein dürfen. Wirklich.

Der Animateur holt die Gäste ein letztes Mal zum Volleyball. Ein letztes Mal, dass ich es erlebe. Vielleicht für dieses Jahr.

Die großen Fragen über den Urlaub.

Würde ich es wieder machen: ja.

Auch allein: Eher nicht, obgleich ich glaube, dass hier Anschluss gefunden werden kann.

Allein raus aus der Anlage: eher nicht, nicht in Hurghada. In El Gouda soll es möglich sein.

Essen: nicht die große kulinarische Erfüllung, für den Preis absolut ok.

Das Hotel: Ja, sicher, kleine Anlage, wenig Zimmer. Es schon bessere Zeiten gesehen, aber es ist ziemlich unerheblich. Das Personal ist unaufdringlich freundlich.

Die Ausflüge: auf jeden Fall und die Wellnesssachen auch. Vielleicht nicht so exklusiv, besser handeln und dann ein paar mehr Sachen rausholen.

Ich meine es jetzt nicht so, dass ich handeln sollte, sondern, ein günstigeres Spa suchen. Dann könnte man glauben, dass es ein Wellnessurlaub wird. Ja warum nicht. Nur mit dem Haareföhnen ist es nicht so weit her. Haare machen wir uns selbst.

Noch eine Stunde Sonne.

Wie schnell die Zeit dann doch verging, vom Gefühl her sind wir schon ewig da und nun fast wieder weg.

Was mich sehr beeindruckt ist, dass immer und immer wieder nachgefragt wird, wie es einem geht, ob man zufrieden ist mit den Zimmern, mit dem Umfeld, mit dem Essen irgendwie ist das echt schön.

Und nun geht es los.

Noch nicht nach Hause, nein, auf den Nachbarliegen gehts jetzt los. Red Label, auch die Literflasche. Schade, dass ich nicht mehr miterlebe, wie die gelehrt wird, wie die arabisch aussehenden Männer schwankend ins Wasser gehen werden und im besten Fall umfallen.

Noch zehn Minuten, die Nachbarn haben jetzt Becher mit Eis, Eis für ihre Getränke.

Und wir, wir nehmen Abschied. Meditativ aufs Wasser schauen und alles andere ausblenden. Ohm. Wie schön. Dann geht es schnell. Ich sehe so schei... aus, so wie ich angezogen bin. Flip Flop, Winterleggins und ein kurzes Shirt. Die Wintersachen in einer extra Tasche, hätte ich sie direkt angezogen, würde ich vermutlich umkommen vor Hitze. Hier sagt die Wetterapp 21 grad und zuhause 9 ist gar nicht so dramatisch. Der reine Temperaturunterschied. Allerdings von Sonne in Regen. Das ist schon schwieriger.

Der Kofferboy holte die Koffer ab. Gut, dass sie gepackt waren. Nun sitze ich in der Lobby und warte. Musik dudelt, der Fußboden wird poliert, mit uns warten weitere Gäste auf das abholen. Unglaublich eine Frau in Stiefeln. Nicht zum Abreisen, sie läuft im Ernst hier herum. Weiter ist aus dem Hotel nichts zu berichten.

Der Guide, der uns abholt, ist, Trara, der Mohamed aus der Wüste. Welche Freude. Der Zubringer voller fertiger Urlauber. Auf den Straßen ist viel Armee zu sehen. Ich frage, was es zu

bedeuten hat. Der zweite Guide, nicht der Moha-
med, geht richtig ab. Morgen ist der 25. Januar.
Man darf nichts gegen den Präsidenten sagen
und was weiß ich noch. Eigentlich wollte ich nur
wissen, warum die Armee heute so präsent ist.
So richtig weiß ich es noch nicht. Rein in den
Flughafen. Die erste Kontrolle. Die zweite
Sicherheitskontrolle. Schuhe ausziehen. Ich bin
vorbereitet. Ich sag nur Flip Flop. Die Plätze im
Flugzeug konnten wir uns aussuchen. Fenster
wird es hoffentlich werden. Vielleicht auch noch
Notausgang wegen der Beinfreiheit. Wieder
haben wir Spaß mit dem Steward. Ausreisezettel
ausfüllen und die nächste Sicherheitskontrolle.
Auch hier die Flip Flop aus. Jetzt bin ich barfuß,
darüber denke ich nicht weiter nach. Dann muss
ich den Rucksack auspacken. Dabei habe ich das
Wasser noch vor der zweiten Kontrolle aus-
getrunken. 600 ml auf einen Ritt. Es war nicht
das Wasser, er holt tatsächlich den Kräuterlikör
aus dem Rucksack. Den ich auf einer der Boots-
touren gesucht habe und eine zweite Flasche
Wasser. An die habe ich echt nicht mehr
gedacht. Den Kräuter musste ich direkt an der
Kontrolle trinken. Das Wasser abgeben. Bloß
gut, dass ich nicht verhaftet wurde.

Unser Gate 32. Wir haben noch sagenhaft viel Zeit. Was wollen wir machen? Essen gehen. Es gibt Nudeln und Wasser. Als Nachtisch Eis. Für den Preis hätten wir in einem mittel guten Restaurant essen können. Die Flughafentoilette. Ich weiß, ich mit meinen Toiletten. Was soll ich sagen, die Desinfektionstücher kommen zum Einsatz. Ganz sicher.

Theoretisch hätte das Boarding langsam losgehen sollen. Nur, wo ist das Flugzeug. Die Leute hinter mir berichten, dass sie vor vierzehn Tagen nicht fliegen konnten. Ihr Flug war ausgefallen.

Das Boarding. Bis später.

Jetzt sind wir oben, oben in der Luft. Unten blaues Meer und einzelne Inseln. Das Flugzeug scheint ausgebucht zu sein. Irgendwo ist ein Kind, ein kleines Kind, welches vermutlich mal Sopranistin werden wird. Eine klare, aber schrille Schreistimme. So eine, die im Mark und Bein geht. Hoffentlich bekommen die Eltern hin, dass unser Flugzeug keine Übungshalle für die Gesangstunden des Kindes ist. Ich hab wieder den Fensterplatz, Netty den Mittelplatz und am Rand sitzt ein sehr massiver Herr. Ich muss unbedingt noch mal an meinen Rucksack. Die

Donuts sind dort drin und meine Brille. Hoffentlich muss der Herr mal aufstehen, denn auch meine Bonbons sind dort drin. Eigentlich alles, was ich gerade brauche. Eine Erfahrung ist ja, wenn man nicht daran kommt, an die Sachen, die man braucht, braucht man sie umso mehr. Also ich gerade auch, alles ist so unheimlich wichtig. Der Flug geht direkt über den Wolken. Die aktuelle Farbkombination blau und weiß.

Es scheint noch ein weiteres Kind zu geben. Vermutlich noch mehr, nicht nur die beiden, die Geräusche von sich geben. An den Sopran kommt keiner ran. Die Frau von den voluminösen Mann sitzt auf der anderen Gangseite. Sie unterhalten sich, ich kann leider nicht verstehen, worum es geht. Der Herr schnallt sich ab. Nur, er steht nicht auf. Keine Chance für mich und den Rucksack.

Und da hab ich ihn, nun hab ich den ganzen Kram, den ich benötige. Alles auf meinem Schoß verteilt, die Donuts hängen am Sitz vor mir. Die Brille ist auf der Nase. Die Dame vor mir, versucht sich, in Liegepositon zu bringen. Ich bestelle einen Kaffee, zu den Donuts. Der Kaffee ist heiß. In der Reihe hinter uns wurde der Kaffeebecher umgekippt. Ausgekippt oder angeschuckelt, die Dame macht Stress, die Sitznachbarin hat eine nasse Hose, der Sitz ist nass. Der Herr, der außen in der Reihe sitzt, ist jetzt richtig genervt. Ein anderer Herr kommt fragen, ob alles ok ist. Ist es wohl jetzt schon. Hoffentlich bleibt Ruhe. Das wäre schon schön. Draußen ist es dunkel, mein Kaffee ist alle und der Herr in meiner Reihe isst das georderte Käsesandwich. Es sieht nicht wirklich lecker aus. Bevor wir landen muss ich noch mal zur Toilette. Wer weiß, was mich dort wieder erwartet. Wenn ich denn mal aus meiner Reihe komme. Der Nachteil der Fensterplätze. Die Dame hinter mir, die mit dem Kaffeebecher, wackelt immer und immer gegen meinen Sitz. Ich bin etwas genervt. Etwas. Etwas mehr. Das Käsesandwich sieht irgendwie besonders trocken aus. Scheint es auch zu sein. Der Herr ordert eine Zitronenlimonade. Fast 18 Uhr. Draußen ist es stockdunkel und im Flieger ist das große Gewusel. Ich bin müde. Müde von dem gleichmäßigen Gesirre und Gebrumme der Motoren und Rotoren.

Auf der anderen Seite unserer Sitzreihe, ist aus den Fenstern, eine traumhafte Kulisse zu sehen. Das schwarz des Himmels, die Reste der untergehenden Sonne in Rot, darüber ein Streifen hell, leicht goldig. Wie kommt man an dieses Fotomotiv? Rübergehen? Geht nicht, ich hatte den Herrn eben schon gebeten aufzustehen. Wegen des Toilettenganges. Die Toilette war in Ordnung und um vieles besser als die auf dem Flughafen.

Also was nun. Wie komme ich zu dem schwarzrotgoldenen Motiv? Handy durchgereicht und den Fluggast auf sieben A Gebeten ein Foto zu machen. Hat er. Ein Traum. Die Dame hinter mir wackelt weiter, inzwischen fasste sie auch mal vor. Erst rechts, dann links oder umgedreht. Wir fliegen in Turbulenzen. Anschnallen ist angesagt und Licht ist voll an. Der Pilot bittet uns, uns anzuschnallen und unsere Sitze einzunehmen. Genau in dieser Reihenfolge.

Ich weiß wirklich nicht, was die Dame hinter mir macht. Vielleicht versucht sie, das Tischchen in eine Position zu bringen. Auf zu. Runter. Rauf. Ach doch lieber runter. Nee, geht ja nicht. Also rauf. Ich weiß nicht, was ich sagen soll, vor allem wie. Ganz ehrlich, es ist anstrengend. Die Dame ist gefühlt 85, vielleicht ist sie in dem Stadium, dass sie wieder Kind wird und deshalb zappelt und nicht still halten kann. Vielleicht. Es ist so. Die Dame ist krank. Sie sucht irgendetwas, als sie mich am Hals gekrabbelt hat, fragte ich, ob alles in Ordnung ist. Ich glaube ja, sie reist mit ihrem Sohn. Dieser sitzt aber in einer anderen Reihe. Eigentlich ist es total schön, dass sie sowas erleben darf und kann, dass ihr Sohn Zeit mit ihr verbringt und reist.

Und wieder anschnallen. Diesmal "weil wir eine schlechte Wetterzone" durchfliegen. Mit Sonne und Meer ist es erst mal vorbei.

Eine Passagierin von ganz hinten erzählte direkt, dass es hinten total heiß ist. Gut, dass wir vorn sitzen. Ich musste schon den Pullover wieder ausziehen. Wer weiß, wie es hinten gewesen wäre. Das Kind weint. Mist. Viele Leute stehen an der Toilette an. Irgendwie chaotisch. Noch anderthalb Stunden. Nicht nur das Flugzeug summt, mein Kopf inzwischen auch. Das genau jetzt ist der Moment, wo ich nicht mehr fliegen mag. Ich mag nicht mehr sitzen. Bin müde und werde unleidlich. Noch eine Stunde Flug. Das Baby weint. Noch eine halbe Stunde Flug. In dem Zusammenhang fällt mir ein. "Warum bekomme ich keinen Tomatensaft?" Warum eigentlich nicht. Es gibt kein Essen und keine Getränke mehr und keinen Tomatensaft.

Endlich. Sinkflug. Was bin ich froh. Unter uns viele Inseln. Lichtinseln. Ein Gefühl von zuhause durchströmt mich. Die Landung ist etwas unsanft. Dennoch hat sie geklappt. Die Erde hat mich wieder. Die Erde hat uns wieder und eigenartiger weise, kein Kind jammert. Der Flug über die Stadt war, wie immer imposant. Ja. Imposant. Nach fünf Stunden Flug werden wir gleich aussteigen. Doch erst fahren wir gefühlte fünfzehn Minuten über das Rollfeld, ist das normal? Es ist normal. 20.00 Uhr und das Baby weint wieder.

Mein Koffer kommt als letzter, vorletzter vom Kofferband und ist kaputt. Eingedrückt und ich bin verärgert. Zur Aufklärungsstelle. Nach Hause und um zehn bin ich im Bett. Der Urlaub ist zu Ende. Dieser Urlaub ist zu Ende.

Albanien

Die Reise geht los, meine Aufregung ist groß,
mutig war ich beim buchen, alleine möchte ich
Albanien besuchen. Nicht ganz allein, sondern in
einer Reisegruppe. Kenne keinen dort, nun muss
ich sie auslöffeln die Suppe. Über Karlsruhe geht
es nach Frankfurt am Main. Dort steige ich
morgen in den Flieger ein, mitnichten werde ich
von der Reise berichten.

Aufregung steigt, allein im Zug, das kenne ich
schon. Nix los im Zug, alle Mitfahrer verhalten
sich regelgerecht. Ruhe in Ruheabteil. Der Zug
fährt durch die Landschaft, Kilometer für Kilometer, wir erreichen die vorgesehenen Ver-
kehrshalte pünktlich. Verkehrshalt, neudeutsch

für "wir erreichen den nächsten Bahnhof" Verkehrshalt, dann heißt in der Zukunft vielleicht der Bahnhof Verkehrshof? Und eine Bahnhofstraße dann Verkehrshofstraße?

Wenn ich so überlege, was das kostet, jeder Ort der Republik hat wohl eine Bahnhofstraße, selbst die, in denen es keinen Bahnhof, ich meine, Verkehrshof gibt. Die Einrichtung des Zuges, dunkelblau, genug Platz für Beine, sogar meine. Etwas frisch. Es macht auch tatsächlich bezahlt, ein Kuscheltuch und Nackenkissen mit zuhaben. Achtung Tipp für längere reisen mit dem Zug:

1. Platzkarte kaufen, unbedingt, auch wenn man glaubt, dass der Zug leer sein wird.

2. Einen Thermobecher mit Kaffee oder Tee, also einem Heißgetränk, bereitst zuhause in den Becher füllen. Die Preisersparnis kann in die Platzkarte investiert werden.

3. Kleingeld für den Besuch der "rail und fresh" Center auf den Bahnhöfen einpacken.

4. Nackenkissen, Kuscheltuch, für die Gemütlichkeit. Das wird dann auch für den Flug gebraucht.

5. Wasserflasche nicht vergessen, hieraus ergibt sich der restliche Sparbetrag für die Platzkarte.

6. zum Zeitvertreib, Buch, Zeitung, Player, Handy und womit man sich sonst noch so die Zeit vertreiben mag.

7. zu guter Letzt, Picknick, Snack, Naschzeug. Zugfahren ist ein großes Picknick. Um mich herum packen alle ihre Stullen, Brote, Snacks aus. Ich bin angesteckt. Picknicke eben mit.

Ein erneuter Verkehrshalt. Es steigen neue Mitfahrer ein. Diese haben eine Platzkarte. Andere Reisende hatten diese Plätze besetzt. Schon in dem Fall hat sich das Anschaffen einer Platzkarte gelohnt. Und wenn man meiner Theorie folgt, dass die Platzkarte sich schon rein über das Picknick finanziert, ist alles richtig gemacht. So ist das mit den Zugfahrten, oder besser gesagt mit den Verkehrsfahrten.

Nach einem in Karlsruhe genossenem Tag bin ich wieder am Bahnhof der Stadt. Morgens, zu zeitig. Dafür habe ich gut Platz gefunden, für die Stunde von Karlsruhe nach Frankfurt am Main lohnte sich der Kauf einer Platzkarte nicht. Nicht mal nach der Picknickregel. Koffer, Rucksack, Handtasche und ich, wir hatten alle Platz. Die Zugführerin sagte immer mal durch, dass wir Reisegäste die Taschen von den Plätzen nehmen sollten, verstand ich erst mal nicht. In Mannheim war dann klar warum, es wurde richtig voll. Rucksack auf den Schoß, Koffer auf die Ablage und ich machte Plätze frei. Guter Mensch, das Aussteigen dauerte etwas. Nach der Ankunft am Flughafen ging alles ganz schnell. Der Zollbeamte hat mein Frühstück, Himbeer-Joghurt Müsli nicht eingezogen. Wasser gab es günstig zu erwerben, ich konnte das gängige Parfüm im Shop durchprobieren. Nun ist Boarding. Ab geht's. Bis später.

Carmen und ich, Carmen die Oper von Bizet begleitet mich, passend zu dem ersten Flug von Frankfurt am Main nach Wien. Während des Fluges gab ein paar weitere Turbulenzen, nur ein paar, alles entspannt. Ich setzte mich ins Flugzeug, Nackenkissen raus und ich schlief, Carmen lief weiter. Ich verschlief sogar den Snack, Waffeln oder Nüsse und Wasser, Kaffee oder Ähnliches und ich, ich schlief. Schade eigentlich. Mein Reiseveranstalter bucht immer die günstigsten Verbindungen, deshalb ging die Reise über Wien. Allerdings nur auf den Flughafen. Nicht in die zauberhafte Stadt. Keine Chance auf das Museumsquartier, keine Chance auf Hundertwasser und auch keine Chance auf eine Kugel Eis bei meinem erklärten Lieblingseisladen auf der Mariahilferstraße im ersten Bezirk.

Die Flugbegleiterinnen der österreichischen Airline sind von Kopf bis Fuß in Rot gekleidet, das sieht schon nett aus.

Der Flug, der verschlafene, ging verspätet. Nicht wegen Gewitterwolken, sondern, weil das Flugzeug aus London so spät kam. Einsteigen, Aussteigen, Einsteigen, Weiterfliegen. Unser Gepäck soll wohl auch eingeladen sein. Ich hoffe es sehr. Der *otzbeutel besser gesagt, der Speibeutel, das hört sich tatsächlich besser an, ist da, ich hab das eben kontrolliert. Auf dem Weg vom einen Flug zum anderen mussten wir durch eine erneute Sicherheitskontrolle und damit war mein Wasser weg, das, was ich mir in Frankfurt am Main, im Transitbereich gekauft habe. Ich hab dem österreichischen Flugbeamten gesagt, dass ich mich ärgere. Ihm war es egal. Das hat mich noch mehr geärgert. Unverständlich, ich hatte den Flughafen nicht verlassen. Aber, er wollte es so und ich wollte reisen, also gab ich es ihm. Ein bisschen ist das ja so wie Wegelagerei, wenn du hier durch willst, musst du mir was(ser) geben.

Ich habe einen Gangplatz, schräg vor mir sitzt ein Paar, welches dieselbe Reise macht wie ich, ein paar ältere Damen und ich glaube ein junges Pärchen. Spannung bleibt. Auf dem Flug gibt es endlich Snack und Getränk, ich bin wach. Ordere Wasser und, Tara, Weißwein. Diese Airline schenkt tatsächlich Wein aus, Wein aus dem Burgenland. Meine Gangnachbarin hat Kaffe erhalten, sie hat nicht richtig zugefasst, nun riecht mein Platz nach Kaffee und sie ist nass und trinkt Orangensaft.

Tirana, der Flug war ok, die Landung auch, mein Koffer ist da und hat die nächste Beule. Geld hab ich auch, wie fortschrittlich. Es gibt sogar Geldautomaten. Unsere Reisegruppe, von der Zusammensetzung ähnlich wie Marokko, agile Senioren, Mitte fünfzigjährige, einmal Vater mit Tochter, ein jüngeres Paar und ich. Der erste stop wird in einem Ort am Meer sein. Unser Reiseführer gibt erste Informationen. Zum Beispiel diese, ein Drittel der Albaner lebt im Ausland.

Insgesamt 2, 8 Millionen Albaner gibt es, eine Million davon lebt im Ausland und eine Million in der Hauptstadt Tirana. Das Land selbst ist 28000 km groß.

Beim Abendbrot sagten mir die Mitreisenden, dass 3.8 plus 1 Million Albaner leben, also 4,8 Million. Ist aber auch nicht so viel. Unser Reiseleiter heißt Samir vielleicht auch anders. Das Wetter ist toll, ein Hotel hundert Meter vom Meer. Ich war mit den Füßen drin und hab schon erste Kontakte geknüpft, mit Ivana und Mhm, den Namen habe ich vergessen, sie sind ein Geschwisterpaar aus Tschechien, leben in Deutschland und sind jetzt im Ruhestand und reisen eben zusammen, und wir saßen zusammen am Meer. Der stop heute, Duran. Ein Badeort mit Bettenburgen, voll, schade. Der Reiseführer, der nun Samie heißt, sagte, dass man aus den Fehlern der anderen Länder nicht gelernt hätte, finde ich auch. In die Gruppe habe ich mich eingeschummelt. Ich glaube, nein, ich weiß, es wird toll.

Albanien wird in grob in vier Teile geteilt. Heute sind es wieder 2.87 Millionen Einwohner, haben die Mitreisenden nicht richtig aufgepasst. Wir fahren. Auf Grund der wenigen Teilnehmer ist genug Platz im Bus. Es wird keine Streitereien wegen Plätzen geben. Der Baustil im Land ist sehr eigenwillig, am ehesten vergleichbar mit der Türkei, es wird, angefangen zu bauen, und wenn das Geld alle ist, ist Schluss. Zeitweise konnte man Wohnungen für 20000 Euro kaufen. Ich hab kein null vergessen. 20000 Euro für 100 qm am Meer. Im Vergleich ist es aber trotzdem teuer. Die Einkünfte sind so gering. Reiseführer Samri erzählte, das nach der Wende, hier gibt es auch eine Wende, noch heftiger als bei uns in Deutschland, also er berichtete, das zum Beginn der Zeit nach der Wende Wohnungen verkauft wurden und durch die Leute vorfinanziert wurden. Der Bauboom hat zur Folge, dass jetzt viele Wohnungen leer stehen. Durch den Touris-mus entstehen viele Stellen. Noch sind ca. 60 %

Landwirtschaft. Der Rest Tourismus und Dienstleistungen und, spannend, Albanien ist auf den
Tourismus noch nicht eingerichtet. Die Esskultur
ist von Italien und Griechenland geprägt. Die
Lebensmittel werden organisch angebaut. Tomaten schmecken nach Tomaten. Ich war überrascht, so intensiv. Bei der Fahrt durch die Landschaft, auf einer schnellen Straße, keine Autobahn, sehen wir immer wieder Menschen am
Rand stehen, irgendwo, gefühlt willkürlich verteilt. Aber es ist mitnichten so. Die Menschen
warten auf sogenannte Dolmusch, kleine Busse,
die Leute einsammeln und von a nach b bringen.
Öffentlicher Nahverkehr ist noch nicht aus-
gebaut. Es dauert alles etwas länger, in Albanien. 400000 Autos gibt es in Albanien. Oft mit
Diesel betrieben. Diesel kostet etwa 1.40 Euro.
Straßenverhältnisse sind schlecht, deshalb darf
maximal 100 gefahren werden. Überschrei-
tungen sind teuer. Auch, wenn man nicht ange-
schnallt ist, 150 Euro. Verkehrsregeln gibt es
erst seit einigen Jahren. Vor der Wende gab es
keine privaten Autos. Albanien ist ein Land
voller Bunker. Keiner weiß wie viel. Man spricht
von etwa 200000 bis 700000 Stück. Der Bunker
Bau war teuer, so teuer, dass der Staat pleite
war und Lebensmittel rationiert wurden. Der
Reiseführer Samir, ich meine Samri irgendwann

hab ich es richtig, also Samri erzählt viel über den Diktator im Sozialismus, es muss furchtbar gewesen sein. Alles, was nicht passte, hat er umbringen lassen. Sogar Familienmitglieder. Am Ende soll er wohl an Alzheimer gelitten haben. Spannend ist die Religiosität der Menschen. 1961 wurden alle Religionen verboten. Jetzt wird Religion wieder betrieben. Im Norden christlich, Mitte muslimisch und im Süden orthodox. Es scheint zu funktionieren. In zwischen habe ich geklärt, laut Reiseführer, also dem Buch, leben 2.8 Millionen Menschen in Albanien plus die 1 Millionen im Ausland. Der Vormittag in der Stadt Berat, Stadt der 1000 Fenster. Süß, niedlich, Zucker, nur, wie so oft nur der alte Teil. Ich bin die Fußgängerpromenade einmal auf und ab flaniert, promeniert, in den Cafés lauter Männer, auch im angrenzenden Park. In den Cafés die Jungen, im Park die Älteren. Die Älteren spielten Schach, die Jungen schauten. Dann ein Aufstieg zum ethnologischen Museum, hatte ich erwähnt, dass ich nicht auf dreißig Grad Mittag eingestellt war, also es ging dort hoch, ein schönes, morbides Haus. In dem Haus gibt es einen Raum für das jüngste Paar der Familie, Ziel ist es Kinder zu produzieren. Gibt es ein neues jüngstes paar, dann zieht das ein. Danach eine Moschee und einen Gebetsraum der Derwische. Immer wieder erstaunlich, dass Frauen und Männer getrennt ihrem Glauben leben. Mittag fakultativ, ich bin dabei. Salat, Tzatziki, Mixteller ohne Fleisch, Wasser, Rotwein und Raki, Weintraubenschnaps, pur und mit grünen Walnüssen. Ich brauche unbedingt grüne Walnüsse. Ich bekomme das Rezept um den Schnaps herzustellen. Am Tisch saß ein junges Paar, eine Ost West liebe und der Mann hat auch so viel Spaß am Essen wie ich. Wir haben überlegt, wie die Sachen vom Mixteller hergestellt werden. Zuhause teste ich etwas rum. Den Besuch der Burg musste ich absagen, mit mir weitere vier Personen. Gelegenheit, mich mit meinen Mitreisenden zu beschäftigen, alle nett. Ich bin so froh. Auf dem Weg zum Restaurant fuhren wir eine Straße hoch, die keinen Gegenverkehr zulässt, eng und kurvig, und was passiert? Gegenverkehr, ein Bus. Bergauf hat Vorfahrt, üblicherweise, hier dann auch, der andere Bus fuhr rückwärts die ansteigende Straße hoch. Der nächste Stopp, eine Weinprobe.

Unser Reiseführer heißt Sabri. Das ist jetzt richtig. Unsere Reisegruppe wächst zusammen. Die Weinprobe tat ein Übriges. Weißwein, Rotwein und ein Raki, ein Walnussraki. Die Weinprobenstelle heißt Kantine. Das lass ich mal unkommentiert. Als beauftragte für die ausländischen Spirituosen habe ich mich für eine

Flasche Walnussraki entschieden. Mal sehen, ob der zuhause noch so lecker schmeckt. Für den Homemade Likör müssen die grünen Walnüsse vor dem 21.6. gepflückt werden. Man muss keine besonderen Rituale einhalten. Dieses Weingut ist so hochpreisig, ich finde teurer noch, als wenn auf deutschen Weingütern Wein verkauft wird. Es wird ein Schaumwein hergestellt in Hand-made. Schendevere. Dieses Wort kann nicht übersetzt werden. Es bedeutet Glückseligkeit. Schendevere, die Flasche, Achtung: 37 Euro. Wow.

Danach erzählt mir ein Mitreisender, dass er mal Wein für 360 Euro getrunken hat, Leute kenne ich jetzt, Leute, die Wein für 360 Euro trinken. Der heutige Tag war Geschichte und Architektur und kulinarische Eindrücke, das wird sich (hoffentlich) zum Abendbrot abrunden. Also ich sag mal, alles richtig gemacht.

Ein neuer Tag. Gestern Abend gab es Dorade mit gebackenen Kartoffeln. Sehr lecker, sehr grätig. Der Geschmack, echt gut.

Den Abend habe ich ein tolles Gespräch mit einer Dame geführt. Es hatte sich so ergeben, wir saßen beim Essen zusammen. Spannende Lebensgeschichte, viel gereist, gute Partner-schaft. Ein schönes Leben.

Fast. Auch hier gab es Ecken und kanten.

Der Nachtschlaf, wie soll ich es beschreiben. Immer wieder wach. Irgendwie hatten sich die freilebenden Hunde des Viertels verabredet, lautstark verabredet. Und dann noch mal und ich war immer und immer wieder wach. Frühstück, also ich persönlich finde ja, dass die anderen Länder wenig Frühstückskultur besitzen. Unter dieser Betrachtung war es ok. Tomatenbrot mit ei, Kaffee, Wasser, Obst. Sabri, der Reiseführer erläutert, nein verspricht, dass wir nachher Schafsjoghurt mit Honig kosten können. Überraschung, ich werde dabei sein.

Die Fahrt führt am Meer lang. Sollte die Sonne scheinen, ist es sicher atemberaubend. In dem Zusammenhang berichtet er über Flucht und schmuggel über das Meer. 73 Kilometer ist die direkte Verbindung nach Italien.

Die Fahrt durch den Nationalpark, wow, ich wünschte, wir können hier Zeit verbringen. Aber dazu bräuchten wir mehr zeit. Der Nationalpark ist voll mit Wildtieren. Steinadler, Füchse und auch Wölfen. In der Vergangenheit wurde wild gejagt. (Wortspiel) das ist, seid 2014 verboten. Unser Bus fährt die, sind es wirklich welche? , Serpentinen hoch. Höher und höher. Ungern gebe ich es zu, mir ist etwas Übelkeit im Magen. Eine Mitreisende, eine richtig Nette quält sich schon etwas mit dem Magen. Mein Angebot, etwas aus meiner gut ausgestatteten Apotheke zu bekommen lehnte sie ab. In dem Nationalpark gibt es kleine nette Unterkünfte. Oben Bergkämme. Rechts und links Wald und wir die kleine schmale Straße, besser Serpentine hoch. Der Busfahrer hupt vorsorglich, damit entgegenkommende wissen, dass wir auf dem weg sind. Inzwischen sind wir 1000 Meter über dem Meeresspiegel. Und ich hab keine Tüte mit. Sabri, der Reiseführer spricht immer von Bienen. Und rechts die Bienen und links die schönen Bienen. Ich kann sie nicht sehen. Nur Bäume. Aha ich merke es. Er meint Pinien. Alles klar. Joghurtstop. Leider kein Schafsjoghurt, aus Kuhmilch war er dann. Honig und Walnüsse. Das junge Paar hat mit mir geteilt. Der Blick von der Terrasse, weit schön, leider nicht klar. Plastikmüll ist ein Thema in Albanien. Leider immer wieder zu sehen. Hier sieht man auch die Armheit der Menschen. Erst kommt das essen, dann der Rest. Der Pass, den wir gefahren sind, ist schon Julius Cäsar mit seinen Mannen gezogen. Geschichte pur. Sabri, der Reiseführer spricht gerade von atemberaubend. Atemberaubend ist der Blick zum Meer. Wir fahren die Serpentinen wieder runter. Diese Straße ist, sagt Sabri, die am schwersten zu fahrende Straße in Albanien. Gerade habe ich das gespürt. Der Busreifen hat einen größeren Stein touchiert. Wo ist meine Tüte? So empfindlich bin ich sonst nicht.

Im Sommer soll es hier sehr heiß sein, ist es ja immer im Mittelmeergebiet. Und Albanien ist Mittelmeer. Wir sind direkt unten angekommen. Gegenüber ist die Insel Korfu. Das ist EU. Das Handynetz soll so stark sein, dass wir wohl eine Nachricht der griechischen Netzbetreiber erhalten werden.

Und eben sprach Sabri von Pinienstöcken. Quatsch, von Bienenstöcken. Die stehen in Reihe am Straßenrand. Es wird wohl Pinienbienenhonig werden. Die Dörfer am Meer sind zweigeteilt, die alten Dorfteile sind in den Hügeln, die neuen sind am Meer. Die Alten sind vor Hochwasser geschützt, die Neuen lassen sich besser vermieten.

Vermutlich wird das ursprüngliche Albanien schneller verschwinden als gedacht. Schade.

 Im Hotel waren heute zwei Deutsche, die privat reisen. Toll, sie suchen sich immer abends ein Zimmer und reisen am nächsten Tag weiter. Kann man derzeitig gut machen. Vorteil ist, sie können dortbleiben und anhalten, wo sie mögen. Nachteil ist, dass sie sich alles selbst erlesen müssen. Individualität vs. Wissen.

Gerade am Straßenrand, eine Ziegenherde. Ich vermute ja, dass es hier keine oder kaum

Massentierhaltung geben wird. Sabri erzählt und erzählt. Gut, dass ich den Reiseführer habe. Ich kann mir das alles nicht merken.

Apropos Reiseführer, alle haben denselben. Ich meine nicht Sabri, sondern das Buch. Es scheint aktuell nur den einen zu geben und einen Wohnwagenreiseführer. Und immer wieder spannend, Gegenverkehr. Bus und Bus zentimeterweise hin und her rangieren. Im Süden, da sind wir inzwischen angekommen, leben Menschen, die eher griechischer Lebensweise frönen. Sie sprechen griechisch und wollten in der Vergangenheit mit Drachmen bezahlen lassen. Viele arbeiten in Griechenland.

Urlaub bedeutet auch Entscheidungen zu treffen. Jetzt gerade eine Trinkwasserwasserpause oder die Besichtigung der Ali Pascha Festung.

Die Festung vom Ali Pascha war ein ok Stopp. Eine kleine Festung. Geschichtlich sicher bedeutend, Sabri hat bestimmt berichtet, die besonderen Verdienste erläutert. Ich Habe vergessen.

IM Sozialismus, Sabri spricht von Kommunismus und manchmal auch von Diktatur. Jedenfalls in dieser Zeit wurde sie, die Festung als Gefängnis genutzt. Auch für Kinder.

Die Weiterfahrt. Rechts Meer, links Berge. Griechenland lässt grüßen. Olivenbaume ohne Ende. Die Reisegruppe hat ein durchschnittliches Alter von 55. Ein paar 30, und dann komme ich. Viele sind im Ruhestand und einige schon ziemlich lange. Es gibt nichts Spektakuläres zu berichten. Eine höfliche, nett im Umgang miteinander, Gruppe. Es wird keine Wasserschlacht geben. Sicher nicht.

Mittag ist ja fakultativ und ich bin immer bei den Essern. Heute waren wir in einem Restaurant kurz vor unserem kulturellen Tagesziel. Risotto mit vegetarisch. Ich hab mich gut mit meinen drei englischen Wörtern verständlich gemacht. "For my please Risotto Witherspoon vegetabele and one Bottle wather, bin please and nature." Ich hab bekommen, was ich wollte. Ausgrabungen, Theater ein Reisender 75+ Jahre alt rezitiert in altgriechischen Worten. Wie stilecht "Er soll getötet werden vom Strahl der sonn." Auf Altgriechisch. Dieser Reisende hat zu allem was zu sagen. Noch bin ich ambivalent ihm gegenüber. Die Ausgrabungen wurden von den Italienern unter Mussolini betrieben. Es sollte die Großherrschaft des Römischen Reiches gezeigt werden. Dieses Theater ist schon toll. Wir befinden uns sehr nah an der griechischen Grenze. Aus diesen Gründen ist es schon sehr griechisch geprägt. Das Theater hat ca. 1500 Plätze.

Besuchen durften das Theater nur privilegierte.
Um so näher man der Bühne war, umso privi-
legierter war man. Ich sitze in der ersten Reihe.
Neben dem Theater ist eine Therme für die alten
römischen Legionen. Die ausgemusterten Sol-
daten, keiner weiß, wie es richtig heißt, sollten
sich hier ein schönes Leben machen. Es wurden
soviel, das Cicero gebeten wurde, keine mehr zu
schicken. Und es wurde innerhalb kurzer Zeit
der Holzbestand auf null gefahren.
Ich glaube, die Albaner sind schon echt stolz auf
dieses Gelände. Den Rundgang mit uns machen
gefühlte 100000 Mücken.
Die Stadt war vermutlich gut organisiert, sie
hatte mit der Umgebung etwa 15000 Einwohner.
Es war der Sitz des Bischofs. Acht Kirchen. Ich
finde es so spannend, was in der vergangenen
Zeit geleistet wurde, in einer Zeit, als wir in
Brandenburg noch weit von Albrecht dem Bären
entfernt waren und es vermutlich keine, also
noch ohne menschlichen Organismus war.
Warum gingen solche Völker unter?
Wir, ein Herr, mit dem ich mich unterhalten habe
und ich glaube, weil sie einfach satt waren. Satt
vom Leben, satt von Kultur und natürlich satt
vom Essen.
Der weitere Weg führt am Brackwassersee
vorbei zu einem Tor, vielleicht, dieses heißt "bu-

trotis" der getötete Stier. Vielleicht stimmt das, vielleicht auch nicht. Die Reiseführerin erzählt Legenden, also es kann sein oder auch nicht. Auf jeden Fall ist das Porta Scea, das Seetor niemals gestürzt. Eine Architekturmeisterleistung. 400 vCh. Der Weg geht weiter, vorbei an diversen Ruinen, Bäumen und fotografierenden mitreisenden. Ich frage mich, ob sie weiter die Fotos nutzen werden und vor allem noch wissen, welcher Stein zu welcher Ruine gehört.

Zwei Stunden ging die Führung durch die Hochkultur. Empfehlung für einen Besuch. Unbedingt. Unglaublich, die Straße wird gebaut, die planierwalzen fahren, planieren die Straße und unser Bus fährt da durch. Vermutlich gibt es hier so wenige Straßen, dass man es sich nicht leisten kann, diese für Straßenbauarbeiten zu sperren. Albanien ist schmutzig. Anders kann ich es nicht sagen. Die Plastiktütenrevulotion muss unbedingt gestartet werden. Letztendlich brauchen wir uns nicht wundern, dass die Meere voll damit sind. Sabri erzählt von der Integration der Roma auf dem Balkan, sie haben alle Rechte, möchten sich aber eher nicht einfügen. Obgleich viele Roma nicht angeben, dass sie Roma sind. In der Vergangenheit hatte man versucht, die Roma zu integrieren. Sue bekamen Wohnungen um sie sesshaft zu machen. Es funktionierte

nicht. Die Esel durften, nein die hatten sie mit in
die Wohnung genommen und auch Lagerfeuer
mitten in den Räumen zu machen. Schwierig.
Unser Hotel war neu. Nett. Die Familie betreibt
es allein, das Abendbrot war Homemade. Auflauf
aus Reis und Spinat, Kartoffeln und Gemüse. Für
Fleischesser gab es Steak. Frühstück war ok.
Tomatenbrot mit Ei, das wird wohl das, was ich
mit Albanien verbinden werde. Tomatenbrot mit
Ei.
Die Flora. Grün mit Lila, Blüten, die einen
betörenden Duft versprühen. Die Landschaft,
Felsen, bewachsen, zerteilt durch kleine Bäche.
Wir fahren heute auf 570 Meter. Erstes Ziel, das
blaue Auge. Ich bin gespannt. Davor soll es einen
süßen Stopp geben. Das beste Eis der Gegend.
Den Stopp gibt es erst nach dem blauen Auge.
Es ist ein See, das blaue Auge, besser ein Stru-
del in einem See.
Der weitere Weg, schön. Sabri fragte, ob wir
laufen wollen. Wir wollten. Zeit für Gespräche.
Das mag ich so gern. Der Weg eine Straße.
Angekommen machte sich eine, wirklich gesagt,
eine Oase auf. Grüne große Blätter, satt vom
Wasser, voller Chlorophyll. Ein Bach, sprudelte,
das Wasser darin klar, kleine weiße Schaum-
kronen. Über eine kleine Brücke ging es weiter
und dann öffnete es sich. Das blaue Auge. Wirk-

lich unbeschreiblich schön. Ein richtiges blaues Auge. In der Mitte dunkel, hier kommt die Quelle aus 64 Meter tiefe. Umschlossen von hellerem ja fast türkisfarbenen Wasser. Das hat der Reise-veranstalter gut ausgesucht. Der duftende Lila-Violet farbene Baum nennt sich Judasbaum. Der Duft, ich beschrieb ihn bereits. Und jetzt ist Phantasie gefragt, das blaue Auge, sprudelnd, voller Leben, Lebendigkeit und dazu der Duft. Schade, dass die Küste so zugebaut ist und der allgegenwärtige Müll. Sabri erzählt. Das sich der Tourismus in den letzten fünf Jahren vervier-facht, vielleicht sogar verfünffacht hat. Vermut-lich wird es noch mehr werden. Next stopp wird der (jetzt ist es ein griechischer) Süßigkeitenla-den. Die Fahrt dorthin führt durch eine karge Landschaft. Wir befinden uns auf etwa 600 Meter Höhe. Die Berge, die Bergkämme am Horizont sind machtvoll. Nebel ziehen in das Tal. Überall Relikte aus der Vergangenheit, jetzt gerade fuhren wir an einer osmanischen Bogenbrücke vorbei.

Sabri erzählt wieder von rechten der Minder-heiten, jetzt sind die Griechen dran. Auch diese haben alle Rechte. Ortsschilder sind zweispra-chig ausgestattet. Die Sprache wird in der Schulzeit gelernt. Und Zeitungen und Fernsehen gibt es auch in Griechisch. Albaner in Griechenland haben die Möglichkeiten in Griechenland nicht.

Ein Dorf, an dem wir gerade vorbei fahren, Lazzarat, hat bis 2014 Haschisch produziert. Hier hat der Staat ein Auge zugedrückt. Erstaunlich. 2014 wurden dann im Rahmen einer Razzia die kompletten Plantagen vernichtet. Die Produktion verlagerte sich dann in andere Dörfer. Kilopreis war 250 Euro. Es gab Bandenkriege. Umsatz im Jahr waren 3 Milliarden Euro. Beteiligung von EU-Parlamentariern wird vermutet, da Telefonnummern dieser bei den Dealern gefunden wurde.

Die süße Pause, Kaffee und Eis. Spezialitäten geteilt mit anderen Dingen. Eine Schachtel Gebäck kommt mit nach Hause.

Besuch eines Herrenhauses, ähnlich dem in Berat 15 Fenster, Kamin in originalen bemalten Zustand von 1700, es darf nicht fotografiert werden. Das Zimmer ist mit einem Balkon ausgestattet, dieser war für die Frauen. Es war für Frauen und Männer nicht gestattet zusammen zu sein. Es gibt einen erhöhten Fußboden, ein Podest für die ehrenwerten Gäste. Keine Frage, wo ich mich platziert habe. Dieses Herrenhaus wurde in einer Reportage auf Arte vorgestellt. Hoffentlich gibt es diese Reportage noch zu finden. Der Hausherr lebte bis 1983 in diesem Haus, dann musste er es mit seiner Familie verlassen. 1994 bekam die Familie es zurück.

Das Haus wurde in den 60er Jahren als schönstes Haus auf dem Balkan gewählt, trotzdem gibt es kaum Förderung. So ist das in Albanien.

Dann kam das Highlight des Tages. Ein Gang auf die Burg Gjirokaster. In der gleichnamigen Stadt. Es wurde gefragt, wer mit dem Taxi hochfahren möchte. Nein, ich war nicht dabei. Der Aufstieg war, ok, ich gebe es zu, anstrengend. Aber nur ein bisschen. Oben angekommen erwartete uns ein imposanter Bau. Gebaut von Ali Pascha. Der lebte von 1740 oder 41 bis er 1822 enthauptet wurde. Die geschichtlichen Hintergründe waren spannend erzählt. Ich Habe es vermutlich vergessen. In der Burg sind erbeutete Kriegsgeräte ausgestellt. Kanonen, ein kleiner Panzer von Fiat, ein Flugzeug und weitere. Auf dem Burggarten, in dem Burggarten steht eine Bühne. Hier wurden und werden polyfonisch Gesangsstücke aufgeführt. Archaische Musik. Sie erinnern etwas an gregorianische Gesänge.

Sie werden vermutlich nicht auf meine Musik-Liste kommen.

Sicher nicht. Auf keinen Fall. Obwohl sie sich mystisch anhören. Ali Pascha pflegte einen Briefumtausch mit Napoléon und die Tochter von

Ali Pascha begleitete den Grafen von Monte christo. Dann gab es Freizeit. Einige Reisende schlossen sich zusammen. Als geklärt war, dass ich nicht verkauft werde, schloss ich mich an. Wir holten uns Börek als Vorspeise und kehrten dann in ein Café ein. Und wir wollten nur etwas trinken und sahen dann die Karte. Es wurde dann ein leckeres Essen mit vielen kleinen Dingen und viel lachen. Die Fahrt ging weiter und rechts ein türkisfarbener Fluss. So türkis wie das Hemd eines Mitreisenden. Der Fluss ist so türkis, weil es mindestens vier Tage nicht mehr geregnet hat. Regen bringt Schlamm aus den Bergen mit und macht den Fluss braun. Und jetzt, in dem Moment, wo ich schreibe, fängt es an zu regnen. Unglaublich welches Glück wir haben. Es wäre wirklich schade, wenn wir das nicht hätten erleben dürfen. Weiter führt der Weg uns am Parkplatz für die konfiszierten Autos vorbei. Diese werden den Besitzern weg-genommen, wenn die Steuern nicht gezahlt werden, oder aber etwas geschmuggelt haben. Das Geld bekommt der Staat. Wir fahren weiter in Richtung des heutigen Reisezieles. Die Fahrt führt durch ein Tal. Sabri sagt, dass schönste Tal Albaniens. Hohe Berge, teilweise bewachsen, verschiedene Grüntöne. Der Bergkamm gerade noch zu sehen. Ein kleiner Teil von der Sonne angestrahlt. Davor ein Fluss. Und wir mit dem Bus. Wir fahren, viele dösen vor sich hin. Bei den Schläfern sind ein tschechisches Geschwisterpaar und auch das junge Ehepaar. Sie versäumen es, die Berge zu sehen. 2000 Meter hoch. Unser Reiseziel heute Permet. Der Ort ist wohl so klein, dass wir auf drei Hotels verteilt werden. Und heute Abend gibt es, wieder mal, dass beste Abendessen. Nun sagt Sabri gerade, dass nur ein Einzelzimmer mit dem Fahrer und Sabri in einem anderen Hotel schlafen muss. Ich möchte nicht mit dem Fahrer und Sabri in einem anderen Hotel schlafen. Hier gilt wirklich nicht das Motto "Ladys First", auf keinen Fall. Glück gehabt, es gibt Paare, die Einzelzimmer gebucht haben. Die bekommen zwei Einzelzimmer mit einem Bad. Aufatmen bei mir. Und bei den Herren sicher auch.

Ein neuer Tag, die sonne scheint, erstmal. Es soll heute noch regnen. Regenjacke an und durch. Es wird am Nachmittag etwas kühler. Sehr schön, dann kann ich meine Pullover anziehen.

Der gestrige Tag hatte noch so einige tolle Erlebnisse für mich bereit. Das Internet im Hotel war weg, einfach so. Ab in das nächste Café. Ein Käffchen, erstaunlich gut und geinternettet. Ein Herr der Reisegruppe genoss eine Zigarre, bis seine Freundin aus dem Hotel winkte, er sollte

sie unterstützen. Die beiden sind 20 Jahre zusammen, aber erst im Ruhestand zusammen gezogen. Sie haben jetzt zu tun ihren Rhythmus zu finden. Spannende Lebensgeschichten meiner Mitreisenden. Einige sind geflüchtet, andere sind seit dem Studium zusammen, andere wiederum halten sich bedeckt. Auch ok. In Albanien entsteht mittlerweile eine Slowfood-kultur. Die Speisen werden langsam zubereitet. Unsere heutige Speisefolge: Suppe mit Wild-kräutern, vermutlich viel Sauerampfer dabei. Danach einen Zichoriesalat, gewöhnungsbedürf-tig. Gemüsereis, richtig lecker. Für Fleischesser gab es ein sehr dünnes stark mit Soße und ein Boulettchenchen, superklein, aber wohl sehr wohlschmeckend. Die vegetarische Alternative waren gefüllte Weinblätter. Als sie angebracht wurden, war ich etwas enttäuscht. Nach dem Ersten bissen begeistert. Ich muss es unbedingt hinbekommen, die nach zu kochen.
Zum nach Kochen habe ich eine kleine Auswahl von Gewürzen besorgt.
Der Kauf war ein Erlebnis. Zwei minimalistisch Englischsprechende versuchen klar zu kommen. Wobei eine der beiden keine Ahnung von Preisen hatte. Das war ich. Gut, dass die Ladentür auf-ging und ein nettes Paar aus meiner Reise-gruppe kam. "Ihr kommt mir gerade recht."

"Warum?" Meine Problemschilderung war wohl etwas wirr. Die der anderen Minimal sprechenden auch. Irgendwann war es dann geklärt. Sie wollte mir nur berichten, dass das Komma an der Kasse an einer anderen Stelle steht, als in Deutschland. Sie meinte es gut, hat es aber geschafft, mich vollendet zu verwirren. Ich freue mich auf das Ausprobieren der Gewürze.

Und dann, ein Wolkenbruch. Ohne Jacke unterwegs, da hieß es laufen. Das duschen konnte ich mir sparen. Viele aus der Gruppe wären gern länger geblieben. Permet, unbedingt besuchen, mit etwas Zeit. Das Motto "Wir haben alles , außer Meer" wird voll erfüllt. Unser Hoteldirektor ließ es sich nicht nehmen uns zu verabschieden und zu erwähnen, dass 2017 keine Straftaten in seinem Ort geschehen sind. So etwas gibt es auch.

Heute werden wir um sieben Stunden im Bus sitzen. Es gibt immer mal Fotostoppausen, eine Brücke und einmal Ali Pascha. Dieser sah wie ein Hipster aus. Die Landschaft ist auch heute wieder eindeutig schön. Aufsaugen, Aufsaugen, Aufsaugen. Wenn ich nicht so ein Schisser wäre, würde ich mir ein Auto mieten und vier Wochen kreuz und quer durch das Land fahren. Wäre ich nicht so ein Schisser, könnte ich Motorrad fahren und hätte es noch toller. Hoffentlich, hof-

fentlich bleibt dieses Land noch weiter so
erhalten. Im Bus entsteht die Diskussion, wie
man auf der Reise zunehmen kann. Ich weiß es.
Spätes essen, stundenlanges Sitzen und abends
Wein oder Bier. Es ist leider so.
Sabri hält gerade ein Loblied auf Olivenöl. Da
bin ich bei ihm. Ich will mich ja nicht ständig
wiederholen, aber die Gemüse sind so aromatisch, kaum zu vergleichen mit dem Gemüse aus
unserem Supermarkt.
Kulturelles Tagesziel ist heute Apollonia, vielleicht die Wiege Albaniens. In den ausführlichen
Informationen unseres Reiseführers kommt
dieser Ort immer wieder vor. Ich bin gespannt.

Tipp, wenn man in Albanien einen normalen
Kaffee bestellen möchte, Americano bestellen.
Ich hatte eben eine Irritation, der Barista wollte
mir immer Cappuccino geben. Ich, ganz langsam
zickig, bis ich auf die Idee kam, Sabri um Unterstützung zu bitten. Der Kaffee war gut. Die Pause
war an einer Tankstelle. Irgendwie fände ich es
besser Pausen in den kleinen Ortschaften am
Rand zu machen. Vermutlich wären diese mit
uns überfordert, schon die Toilettensituation.
Die Eisenbahn in Albanien ist fast nicht mehr
vorhanden. Jetzt wird langsam diese wieder aufgebaut. Es besteht die Idee, dass der Tourismus

in Richtung Eisenbahntourismus gehen kann. Eine tolle Idee. Kleine Wagons, Salon und Schlafwagen. Langsames reisen mit Stopp an den landschaftlichen Hotspots mit einem anschließenden Aufenthalt am Meer. Land, Leute, kulinarischen Erfahrungen und Erholsamkeit. Zielgruppe ist 65+ und ich, weil ich gern Zug fahre.

Die Fahrt nach Apollonia auf einer sehr schlechten engen Straße, vorbei an Häusern, welche jeder, wirklich jeder deutschen Bauform und Norm widersprechen. Auf einem Grundstück, dass, an der Ecke steht, wo die Straße einen Bogen nach Apollonia macht, auf diesem Grundstück konnten wir einen der 200000 bis 700000 Bunker sehen. Sie sind kugelförmig gebaut worden. Von da aus war es nicht mehr weit zum Parkplatz. Heute ist nicht mein Tag, müde und schlapp. Das Gelände von Appollonia ist zu 2% ausgegraben worden. Es ist ein weitläufiges Gelände. Wir kommen den Senat sehen und diverse Geschäfte. Und wir konnten das Museum besuchen. Ich bin ausgestiegen. Irgendwie ist, irgendwie ähnelt sich vieles mit dem bereits gesehenen Dingen aus griechisch/ römischen Epochen. Wäre auch komisch wenn nicht. Es waren Weltreiche. Was ich aber verstehen kann, ist, warum dieser Ort zum Leben gesucht, genutzt wurde. Die Landschaft, hügelig und weit ins Tal blicken können. Appollonia war eine Hafenstadt. 9 km vom Meer entfernt, damals, in der Antike gab es hier noch einen Fluss, dieser ist durch ein Erdbeben verschwunden und die Menschen verließen den Ort. Sabri sagt, die Menschen kamen wegen des Flusses und gingen wegen ihm. Sabri unser Reiseführer glaubt vermutlich, dass ich nicht die hellste Kerze auf der Torte bin. Er erläutert mir manches extra. Ich lasse ihm seinen Glauben. Die bereits ausgegrabenen antiken Gebäude sind zum Teil restauriert. Als Werkstoffe wurde "kommunistischer Beton" benutzt. Es sind die antikem Säulen tatsächlich aus Beton nachgebildet worden. Gut, wirklich gut, dass die restlichen 98% noch auf die Ausgrabungen warten.

Mit uns eine albanische Jugendgruppe, ziemlich gut zurechtgemacht. Ich muss gestehen, dass ich damit nicht gerechnet habe, aber so ist das Leben und so ist es in der Welt. Nur, ob es tatsächlich nottut an dieser heiligen Stätte sich so zulaufen zu lassen und dadurch andere zu belästigen, mhm ... Ich bin ein Spießer, eine Spießerin. Die Mitreisenden fanden das Museum ok, unabhängig davon konnten sie meine Auffassung bestätigen.

Das Picknick, Bestandteil des Reiseprogammes, war ein kleines Erlebnis. Wilde Hunde holten sich ihren Anteil. Niedlich.

Der zweite Teil des Fahrens beginnt. Kopfhörer auf, Augen zu und erst am Hotel aufwachen. Das klappte nicht, wie vorgestellt. Etwas, ein kleines bisschen.

Als ich wieder wach war. Die Landschaft ist wieder atemberaubend schön. Anders schön. Wir sehen Landwirtschaft, kleine Felder, wie Handtücher hingelegt. Überall arbeiten Menschen. Das Licht hat gerade diese ganz besondere Stimmung. Weiter geht es an einem Fluss entlang, eine kleine Pause. Dann sehen wir Felsen. Kleine schmale, aber hohe Wasserfälle. Traumschön. Eine lange Fahrt. Die Gruppe ist in den Auffassungen geteilt. Einigen war es zu viel, andere Können nicht genug sehen. Und ich, ich bin einfach platt.

Das Hotel, das nächste Hotel, das größte auf der Reise, geplant für zwei Nächte. Vom Balkon aus Seeblick. Der See, Ohrid, Ohridsee, groß, tief, alt. Sabri erzählt immer wieder, dass der See so alt und tief wie der Baikalsee sei. Abendbrot, ein Teil der Gruppe geht außer Haus. Ich bin hin und her gerissen. Ich blieb im Hotel. Es war nicht verkehrt. Die Menüfolge: Suppe, cremig, aromatisch, tolle Konsistenz, wie haben sie das geschmackvoll, so geschmackvoll hinbekommen? Der zweite Haps .... Hühnchen. Es gab am Tisch jemanden, der sie noch mochte. Salat geht immer. Über die Qualität muss ich nichts mehr sagen, unverändert gut. Und dann kam der Fisch. Seeforelle. Ähnlich wie Lachsforelle, gebraten mit geschwenkten Kartoffeln und Möhren. Für mich, neben allen anderen, das schmackhafte Abendessen der Reise. Ein Glas Weißwein rundete es perfekt ab. Und dann war mein Tag beendet.

Ein neuer Tag. Zum fünften Mal dasselbe Frühstück. Tomatenstulle mit Ei. Die Fahrt geht los. Grenzübergang nach Mazedonien. Es dauert, bis die Zöllner oder Grenzbeamten unsere Pässe gesichtet haben. Grenze eben. Leider gab es keinen hübschen Stempel. Als deutsche Bürger scheint es für die Einreisen keine Probleme zu geben. Die Währung ist Dinar. Wir sind wieder in der EU. Zu merken an den Schildern, welche auf Sehenswürdigkeiten hinweisen, dieses typische Braun und die Form. Die Schilder sind überall zu sehen. Das heilige Kloster Naum, ein richtiges Kloster, mit einem Umfeld, welches für die Touristen hergestellt wurde. Mazedonien ist kleiner als Albanien, etwa 2 Millionen Menschen. Zwei Sprachen, albanisch und mazedonisch. In Mazedonien ist der Umweltschutz besser geregelt, als in Albanien. Sabri sagt, viele Dinge sind für die Menschen hier besser. Das kommt aus der entspannenden Zeit unter Tito. Hier in Mazedonien darf das Seeufer nicht bebaut werden, in Albanien für einige Menschen schon. Noch mal zum heiligen Kloster Naum. Es war ein kleines Kloster. Vermutlich orthodox, ich muss das noch mal nachfragen. In der Mitte eine kleine Kirche, ein mystischer Ort. Im Hauptraum klang leise Musik, durch ein paar Fenster kam etwa Tageslicht, ansonsten war der Raum mit Kerzen erleuchtet. Die Fresken, oder heißt das anders, jedenfalls die Bilder an den Wänden waren vermutlich noch aus dem Mittelalter. Das Kloster selbst ist etwa 900 Jahre alt. Im Kloster-garten leben Pfauen, darunter ein weißer. Es wirkte sehr edel. Das Gelände selber darf man nicht in Unterwäsche betreten, ich fragte meine Mitreisenden, ob sie ihre Unterwäsche ausgezogen haben. Ein paar lachten. Das Schild bedeutet natürlich nicht, Unterwäsche ausziehen, sondern richtige Kleidung anziehen. Die mazedonische Flagge ist gelb-rot, ich vermute, es soll eine Sonne auf Blut darstellen. Die albanische Flagge ist auch rot mit einem schwarzen Doppeladler. Die Politik ist wohl auch durch Korruption gezeichnet. Es fliegen im Parlament schon mal Eier, Mehl und Früchte. Fehlt noch Backpulver, dann könnten Sie Kuchen für alle backen. Aber Spaß beiseite.

Die Sprache ähnelt dem Bulgarischen. Die Schrift wird in kyrillischen Buchstaben geschrieben. Auch auf der mazedonischen Seite gibt es Ferienorte, im Unterschied zu Albanien stehen hier keine hohen Häuser. Es wirkt sauber. Unser Stadtrundgang führte durch die Altstadt von Ohrid. Auch Geschichtsschreibung der Extraklasse. Ein römisches Theater wurde wieder ausgegraben, nach dem es von den Osmanen zugeschüttet wurde. Die schüttete das zu, weil es urchristlichen Ursprungs war. Noch geschichtlicher wurde es dann auf der Burg. Die kyrillische Schrift zog von dort aus ihren Siegeszug in die Welt ein. Der heilige Kyrill und der heilige Naum, der am heutigen Vormittag eine Rolle spielte, entwickelten auf dem Gebiet die neue Sprache für die Bibel. Das Gelände ist Welterbe. Häuser werden über die Ausgrabungen gebaut. Sozusagen auf Stelzen. Eine kleine Kirche auf dem Gelände ist fertig. Sie ist klein, damit die Gläubigen sich wohlfühlen. Der lokale Führer Michael erläutert, dass es im Umkreis von Ohrid etwa 400 Kirchen gibt ä. Im ganzen Land etwa 2000. Achtung zwei Millionen Einwohner. Das macht pro 1000 Einwohner eine Kirche. In dem Zusammenhang erläutert er uns, dass der Pfau

christlichen Symbol ist. Die Restaurierungs-
arbeiten dauern lange und sind teuer, acht Millionen Euro vermutlich. Dieses Geld kam vom
Staat. Der Staat ist arm und vermutlich handelt
es sich bei dem Geld um Schwarzgeld, sagt der
Reiseführer.

Die Gebeine des heiligen Clemens, der auch Arzt
war, lagerten in einem Grab in der Gruft. Der
Legende nach hat er sich das Grab selbst
geschaufelt. Nach einiger Zeit wurden die
Gebeine, Michael unser lokal Führer spricht von
Knochen, heraus genommen und umgebettet.
Als sie zurückgeholt wurden, fehlten ein paar.
Die sollen in Bulgarien und Griechenland liegen.
Von der Grabungsstätte ging es hinunter in die
Stadt. Es konnte gewählt werden. Laufen oder
Boot fahren. Boot war die Wahl der Stunde, mit
mir wählten ca 20 andere Reisende das Boot. Es
gab dann zwei Boote.

Zu der Kirche auf dem Gelände ist noch zu
berichten, dass sie keine Fresken hat. Sie fehlen
 wegen Geld, aber nicht nur deshalb. Die besten
Maler wollen es nicht machen sie fühlen sich
nicht gut genug diese Fresken herzustellen.
Davon erst mal genug und weiter zur Kirche
schöner Johann (oder so) ihr Bild ist in den in
den Reiseführern Mazedonien immer wieder zu
sehen. Sehr schön und idyllisch.

Da ich mich für die Abfahrt mit dem Boot entschieden hatte, ging es in Richtung See, in das Boot und wie fuhren zehn Minuten Boot. Es ist nichts passiert. Wir sind einfach nur gefahren, obwohl, erst ging der Motor nicht an. Unser Bootsführer meinte, das liegt am schlechten Benzin.

Lokalreiseführer verabschiedete sich, er sprach sehr gut deutsch. Seine Mutter ist Deutsche. Er hatte einen wirklich niedlichen Sprachfehler. Er stotterte ganz leicht bei m und t am Anfang. Meine Reiseleute, die wie ich die Landesküche probieren wollten, gingen mit mir in ein Restaurant. Wir schlemmten. Gut, dass ich Bonekamp im Bus hatte, denn Schlemmen ist leider untertrieben. So viel zum Thema zunehmen.

Auf in Richtung Albanien. An der Grenze stehen wir mit unserem Bus. Wir wissen nicht, ob und wenn ja, welche Probleme es gibt. Abwarten. Ich kann nicht sagen, was an der grenze war. Wir durften alle weiter mitfahren. Nach der Grenze besuchten wir einige Bunker. Sue stehen in der Landschaft einfach so. Mir reichte es, diese einfach so anzusehen. Und dann gab es einen Stopp in einem Dorf, einem albanischen Fischerdorf, dessen besonders ist, dass es nichts Besonderes gibt. Ziegen und Schafe auf der Straße und Leute, die uns angeschaut haben. Das war es.

Unsere Reise heute knapp 120 km oder etwas mehr. Einmal um den See, nicht drüber. Morgen geht es nach Tirana. Hauptstadt des Landes. Laut und stickig. Ich bin gespannt. Sehr gespannt.

Abendessen, die restliche Suppe vom Vortag. Ich fragte direkt, ob jemand Interesse hat, meine Suppe zu essen. Es gab Abnehmer. Salat und dann der Hauptgang. Die vegetarische Alternative war gebackener Käse, sehr lecker. Dazu Reis und Kartoffelbrei. Die Soße vom Reis war dieselbe, wie es zu den Fleischgerichten gab. Ich hab es gegessen.

Abends noch eine Runde um den Block auf der Suche nach einem versifften, urigen, gemütlichem Lokal, um gemütlich abzuhängen. Wir haben es nicht finden können. Dann eben einen roten Wein, ok zwei im Hotel. Nun ist der neue Tag da. Unser letzter Reisetag. Eine Reise geht zu Ende. Noch gibt es Erlebnisse, die warten. Sabri erzählt von den kommunistischen Zeiten in Albanien. Es muss furchtbar gewesen sein. Er sagt, es ist vergleichbar mit Nordkorea. Jetzt ist es besser, aber die Leute sind noch immer arm. Es wird auf dem Land etwa 250 Euro verdient, in Tirana 400. Für Strom benötigt eine 4-köpfige Familie etwa 60 Euro im Monat. Wasser gibt es nicht durchgängig am Tag, deshalb sind auf vielen Häusern Zisternen zum Wassersammeln.

Das abendliche Leben gestern sah so aus, dass tatsächlich nur Männer in den Restaurants und Imbissstuben waren, und es lief auf allen Kanälen Fußball. Albanien wird oder besser ist ein Tourismusgebiet.

Er entwickelt sich. Sabri sagt, es muss nicht nur an das Meer gehen. Es gibt Rafting, man kann klettern, viele outdoor Möglichkeiten sind zu nutzen. Ob Albanien tatsächlich günstig ist? Ich kann es nicht beurteilen, mittags aß ich für günstiges Geld. Ansonsten war ich versorgt. Vermutlich sind Hotelzimmer in der Saison teurer. Arbeitslosigkeit spielt schon eine Rolle. Die Leute schlagen sich mit Landwirtschaft über die Runden. Tierschlachtung darf nur in staatlich genehmigten Betrieben erfolgen.

Endlich konnte ich meine Desinfektionsmittel und Elektrolyt und Durchfallpillen an den Mann, besser die Frau bringen. Unsere junge Mitreisende. Wir hielten bereits zweimal an.

Die Hauptstadt Tirana, hat etwa 900000 Einwohner, wobei das nur eine Schätzung ist. Es können mehr oder auch weniger sein. Nicht alle melden sich dort an.

Nachtrag zu gestern, Mazedonien und Griechenland streichen sich um den Namen Mazedonien.

Es ist noch offen, wie es ausgeht. Die Entscheidung soll im Juni getroffen werden. Und dann gibt es einen Streit zwischen Albanien und Mazedonien, dieser geht darum, wo Mutter Theresa ihren Ursprung hat. Beide Länder beanspruchen das für sich.

Ja, Tirana, letzte Etappe der Rundreise. Den Fluss entlang, durch die Berge. Natur ist hier vorhanden. Am Flussbett eine größere Menschenmenge, es wird Müll gesammelt. Sabri sagt ausnahmsweise. Ich hoffe doch nicht. Dabei fällt mir ein, dass ich bisher wenig zu den Menschen in meiner Reisegruppe geschrieben habe. 29 Teilnehmer, davon 3 alleinreisende und 5 in Einzelzimmer schlafende. Der Altersdurchschnitt doch um die 60. Einige viel älter, andere jünger. Alle viel und weit gereist. Eine Dame Berichte immer von ihren Reisen. Andere halten sich bedeckter. Es scheinen viele gebildete Menschen dabei zu sein. Ein Reisender sprach vom Bildungsbürgertum. Auf alle Fälle eine nette Gruppe.

Das Wort Shitit scheint zu verkaufen zu heißen, Elbasan ein weiterer Halt. Eine gut erhaltene Mauer und ein paar Säulen. Es war ein kleiner, kurzer Stopp. Es entsteht bei nur der Eindruck, dass egal, wo der Spaten in die Erde gesteckt wird, wird etwas Antikes gefunden. Es kann gar

nicht alles verarbeitet und erfasst werden.
Tirana lebt, sprudelt, ist voller Menschen. Es gibt
eine Führung. Tirana ist anders, als ich es mir
vorgestellt habe. Es ist laut ohne Frage, das sind
andere Städte auch. Es ist warm, ok, ich hätte
mich anders anziehen können. Ist es schön?
Vielleicht. Es war monumental, es ist noch
geprägt vom kommunistischen System. Das lebt
diese Stadt auch. Finde ich. Wir besuchen
Bunkerart, ein Museum, ein Bunker berichtet
über die politischen Zeiten des Landes. Sabri
warnte uns vor, wer leicht zu erschrecken ist,
sollte draußen bleiben. Es war ok. Als soziali-
sierter Bürger eines Staates, in dem es auch
eine Wende gab, kann mich fast nichts mehr irri-
tieren. Der Rundgang in der Stadt ging vorbei an
großen und imposanten Gebäuden, hin zum
Mutter Theresa Platz und dann zurück zum alten
Teil der Stadt. Die Pause in einem Park. Die
kulinarische interessierte Gruppe, also wir,
suchten ein kleines, feines Restaurant. Wir
hatten es finden können. Es gab Grillgemüse mit
gegrillten Möhren. Das war eine Überraschung.
Die Balkanküche ist griechischtürkisch.
Wie die anderen Balkanländer. Sie hatten
irgendwie kaum die Chance, eine eigene Küche
zu entwickeln. Ein Mitreisender hat heute
Geburtstag. 70 Jahre alt. Beim Essen fragten wir

ihn, wie alt er sei, er wollte es nicht sagen. Über das Ausschlussprinzip bekamen wir das Alter raus. Ich glaube, freute sich. Unsere kulinarische Gruppe lud ihn dann zum Essen ein. Weiter geht es in einen Ort, wir besuchen einen Basar. Trinkgeld in Albanien ist eine stille Sache, es gibt Länder, in denen man immer wieder darauf hingewiesen wird, dass Trinkgeld erwartet wird und in etwa auch die Höhe angesagt. In Albanien gibt man 10%. Das ist ok und die Empfänger freuen sich in der Regel darüber. Aber wie macht man das mit dem Reiseführer und dem Busfahrer? Paare erzählten, dass sie 1000 Lek pro Person geben. Ich wollte eigentlich 10 Euro pro Person geben. Das ist mehr als 1000 Lek. Dann habe ich es mir überlegt und pro Person 5 Euro gegeben. Wie macht man es richtig? Ich weiß es nicht. Das Geld kommt in eine Kiste und wird sicher nachher übergeben werden. Bei der Ideenfindung stellen sich die Alphatiere der Gruppe heraus. Nein, ich war nicht dabei.

Nächster Stopp Kruja, wir besuchen einen orientalischen Basar. Spannung. Die Fahrt zu dem Basar zieht sich. Immer nach oben. Durch Wald und Flur, vorbei an einer trainierenden Fußballmannschaft, die sich ihr Feld mit Schafen teilten. Der Ort, modern mit altem Kern, der alte Kern ist für uns Touristen vorbereitet worden.

Der Basar, eine Straße alter Häuser mit vielen kleinen Geschäften, welche ein ähnliches Angebot haben. Die traditionelle Handarbeit ähnlich dem Bulgarischen. Es ist so, dass ich nicht gekauft habe. Ich bin satt, satt von Dingen, die ich nicht brauchen kann. Ich hoffe morgen auf den Dutyfree, Tee und Kräuter und Gewürze. Zurück zum Basar. Meine Vorstellung, mit dem Geburtstagskind ein Stück Kuchen zu essen wurde erfüllt. Also fast. Also es war Vollkornkuchen, flüssiger Vollkornkuchen, es war Bier. Aber ein Geburtstagsbier.

Und die zeit ging so schnell vorbei. Der Flieger ist geentert und gestartet. 1 Stunde 50 Minuten dauert es und wir landen in Old Germany.
In der Luft, es wackelt etwas. So, als ob wir einen Übungsflug haben. Hoffentlich nicht. Wir sind oben und ein Mitreisender packt ein dickes Buch aus, ich sagte "Ich hoffe, dass ist nicht die Bibel." Er verneinte. Ich bin mir da gerade nicht sicher.
Gestern Abend im Hotel, habe ich die Zimmerkarte geholt, gleich durch zur Toilette. Geschafft. Dann nahtlos in die Dusche. Es war der Staub ganz Albaniens auf mir. Trotzdem ich duschte, war ich die Erste beim Essen. Die uns folgende Reisegruppe war bereits im Hotel. 40 Köpfe. Der

Altersdurchschnitt noch etwas älter als wir. Also alles richtig gemacht mit dieser Reisegruppe. Es gab Buffet. Gegrilltes Gemüse, Kartoffeln, Börek, Wasser und Wein. Wir hatten wiederum viel zu erzählen, lobten uns für unsere gute Zeit.

Der Tross zog weiter in die Lobby. Inzwischen hatte sich der 70ste Geburtstag herumgesprochen. Es gab albanischen Sekt zum Anstoßen, die Runde wurde größer und es war eine Runde Sache. Irgendwann brachte ein Paar seine "Desinfektionsmittel" zum Tisch. Ukrainischer Wodka. Nur zum Nippen für mich. Ich weiß nicht, wie lange die spontane Party ging. Ich war um zehn im Bett, wirklich. Grund war nicht, dass ein Mitreisender mich fragte, ob ich seine Urlaubsaffaire sein möchte, was ich freundlich abgelehnt habe. Es war auch wirklich nur Spaß. Davon kann ich nun eine kleine Weile zehren. Grund war tatsächlich die Müdigkeit.

Der Nachtschlaf war besser als der in der ersten Nacht in Albanien. Hatte ich erwähnt, dass wir in dem Hotel der ersten Nacht nächtigten? Wenn ja, doppelt hält besser, wenn nein, dann ist es jetzt bekannt. Morgens, halb acht sind wir verabredet, um mit dem Sabri zu frühstücken.

Jeden Tag grüßt das Murmeltier. Mein Frühstück, Brot mit Tomate und Ei zum Siebten. Sabri gibt die Geschichte mit dem Kaffee an der Raststätte zum Besten, aus seiner Sicht. Es war ja so, dass ich ihn gebeten hatte, mich zu unterstützen, da es Probleme mit dem Kaffee für mich gab. Er ging zum Tresen und und sagte, natürlich auf Albanisch "Gib der bloß einen Americano, die heult sonst". So ist das in der anderen Welt. Das Schlimme ist, es war nah dran an der Wahrheit. Aber muss er es so sagen?

Nach dem Frühstück, ans Meer. Sonne, Wasser und Strand. Ein Kaffee in der strandbar, wo alles begann. Ein Mitreisender kommt mit einer Dame angelaufen. Ela, wir haben überlegt, wo sie her ist? Ela ist eine albanische Frau, die bereits seid 28 Jahren in Deutschland lebt und an diesem Ort aufgewachsen ist. Im letzten Sommer kaufte sie sich eine Wohnung in dem Ort und verbringt nun viel zeit dort. Eine halbe Stunde voller Input. Nummern getauscht, versprochen im Kontakt zu bleiben, und weiter ging es. Ein letzter Check im Zimmer. Zimmerkarte abgegeben, in den Bus. Der Flughafen, da war er. Die letzten Lek in Tee investiert. Check in und Kontrolle. Ich war wohl die zehnte Person und musste zum Drogen- und Sprengstofftest. Mein Schweiß lief, und zwar nicht wegen der 33 Grad, mit denen wir Albanien verlassen. Der Wartebereich am Flughafen klein und übersichtlich. In der Hauptstadt Albaniens,

das muss man sich mal überlegen, in der größ-
ten Stadt des Landes, hebt in der Stunde ein
Flugzeug ab. So viel zum Thema touristische
Erschließung.

Der Flieger, in den wir einsteigen. Ein Lufthan-
saflugzeug mit zwei statt drei Plätzen neben-
einander. Fensterplatz für mich. Es gibt
Getränke und Snack. Graubrot mit Käse, Tomatensaft und Rotwein, dass volle Programm. 16:05
Uhr ist die Landung avisiert. Eine tolle Reise ist
vorbei. Zu empfehlen? Ja, unbedingt. Für jeden?
Auf keinen Fall. Albanien ist ein tolles Land, welches touristisch erschlossen wird. Leider zu
schnell. Man muss sich auf das Land, auf das
Umfeld einlassen können. Angenehm an der
Reise war, dass wir das Gefühl hatten, Albanien
zu erfahren, als Erste zu erfahren. Wenn mich
jemand fragt, was war das Schönste? Ich kann
es nicht sagen. Der Anflug auf Frankfurt am
Main genau wie der Start. Wackelig. Eine Dame
meinte nicht auf die Crew hören zu müssen, sie
musste unbedingt gleich aufstehen. Ich habe die
Augen verdreht. Egal, da bin ich wieder. Hallo
Deutschland.